Eckard Wulfmeyer

BEGEGNUNGEN AUF DEM PFOTEN-PFAD

Aus der Arbeit eines Mentalcoaches für Hundehalter

Pfoten-Pfad
Eckard Wulfmeyer
Medemstade 64
21775 Ihlienworth
Mail: info@pfoten-pfad.de
www.pfoten-pfad.de

Alle Fotos, wenn nicht anders gekennzeichnet, von: Eckard Wulfmeyer
Foto Seite 35: Sarah Wulfmeyer

Herstellung und Verlag: BoD – Books on Demand, Norderstedt

ISBN: 9 783746 076867

Danke an all die fleißigen Helfer und Unterstützer,
die ihren Beitrag geleistet haben, für dieses Buch.
Reinhold Pannenberg und Andrea Rahe für das Lektorat und Korrektur.
Sarah Wulfmeyer für das Layout und das Titelbild.
Eva, Kirsten, Lisa, Malte und Susanne für das Probelesen.
All den Menschen, die uns in den letzten Jahren begegnet sind und diese
Begegnungen auf dem Pfoten-Pfad im Grunde geschrieben haben.

Ihlienworth im März 2018
Eckard Wulfmeyer

Mein Name ist Eckard Wulfmeyer und ich bin Mentalcoach, nicht nur für Menschen mit Hunden. Ein Hundetrainer bin ich nicht, wie gerne angenommen wird, weil ich Ausbildung durch Beziehung ersetze. Die Menschen, die zu mir kommen, waren zuvor schon in mehreren Hundeschulen. Der Hund ist also entsprechend gut ausgebildet. Die Menschen haben in diesem Zusammenhang meistens nur das Problem, dass ihr Hund zwar alles kann, es aber nicht tut. Und dann komme ich ins Spiel. Benötigt ein Hund Ausbildung, dann verweise ich an die entsprechenden Fachleute. So, wie diese gerne an mich verweisen, wenn sie bemerken, dass der Hund in der Beziehung nicht das Problem ist.

Mentalcoach ist eine Tätigkeit, die ich mit Leidenschaft betreibe, bei der aber Leidenschaft alleine nicht ausreicht. Diese Leidenschaft teile ich mit einigen weiteren Trainern, die in Vollzeit bei uns tätig sind. Dazu bedarf es einer enormen Begeisterung. Und diese Begeisterung tragen wir zu den Menschen, die jede Woche zu uns kommen und denen wir weiterhelfen, weiterhelfen zu mehr Lebensqualität, nicht nur mit ihrem Hund.

Als Coach von Menschen mit Hund erlebst du Geschichten, die du dir zu Beginn deiner Tätigkeit gar nicht vorstellen konntest. Du erlebst Sachen, da wärst du nicht mal auf die Idee gekommen, dass Menschen sowas machen. Und das vor deinen Augen. Du erlebst hoch emotionale Ereignisse voller Frust, Resignation und Enttäuschung, die nach einiger Zeit umschlagen in Glück, Euphorie und Tränen der Freude. Und manchmal, da hörst du Leidensgeschichten, bei denen du nur noch weinen kannst, trauern mit den Menschen und deren Hunden. Du hörst von aufwühlenden Momenten im Leben deines Gegenübers. Man berichtet dir Geschichten, die ins Persönliche gehen, manchmal ins Intime, die dich berühren, weit über die Zusammenhänge mit dem Hund hinaus. Persönliche Geschichten und Schicksale, in denen du mal Wut verspürst, mal Fassungslosigkeit, mal Trauer und oft das starke Bedürfnis zu helfen und sei es nur durch einmal in den Arm nehmen, Geborgenheit geben. Für ein besseres Leben. Man berichtet dir Geschichten, bei denen du strahlst vor Freude, du aus vollem Herzen lachst, deine Arme in die Höhe streckst und denkst: geschafft! Wunderbar! Und du erlebst Grenzen. Grenzen, die du nicht überschreiten kannst, um zu helfen. Sei es, dass der Betroffene keine Hilfe möchte oder diese nicht umsetzen kann. Aus welchen für den Betreffenden auch immer wichtigen Gründen. Du darfst diese Geschichten nicht mit nach Hause nehmen. Zu deinem Lebensgefährten und deinen Hunden. Du musst abschalten können, wenn du deine Wohnung betrittst. Bei all den Emotionen immer einen gewissen Abstand haben und einhalten. Ansonsten gehst du alsbald am Stock.

Immer wieder sprach man mich an: Erzähl doch mal, was du schon alles erlebt hast. Was hast du für Hunde hier gehabt? Hat dich schon mal ein Hund gebissen? Was war dein schwierigster Fall? Und in den Gruppen, die ich unterrichtete, hörte man mir nur allzu gerne zu, wenn ich von Fällen erzählte, die ich auf dem Pfoten-Pfad erlebt habe.

So lag es eigentlich nahe, dass mir irgendwann jemand sagte: Mensch, Eckard, schreib die Geschichten doch mal auf! Das ist zwar schon Jahre her, dass man mir das sagte, aber ich fing über die Jahre an, die interessantesten Fälle, die mir begegnet sind, aufzuschreiben. Und es haben sich so viele angesammelt, dass ich davon mehrere Bücher schreiben könnte. Wer weiß, womöglich wird das ja sogar so geschehen.

Alle beschriebenen Geschichten sind so passiert. Ich habe lediglich die Namen der Personen, Hunde und Wohnorte geändert. Sollten diese Angaben auf jemanden real existierenden passen, so ist das rein zufällig.

Wie darfst du dir den Weg auf dem Pfoten-Pfad vorstellen? Kurz gesagt: Wir suchen Ursachen für ein Verhalten, finden diese und beheben sie, soweit möglich und gewünscht. Ich arbeite hauptsächlich in Einzelstunden. Es wird zu Beginn ein Ziel festgelegt. Ziele können zum Beispiel sein: entspannte Hundebegegnungen, ein selbstbewusster Hund, erholsame Ausflüge mit Pferd und Hund, Abruf von Ablenkungen, Akzeptanz von Grundstücksgrenzen, gegenseitiges Vertrauen und als beliebtestes Ziel: der kontrollierbare Hund in der Öffentlichkeit, also der Hund, den ich überall mit hinnehmen kann. Und anhand dieser abgesprochenen Ziele entwickeln wir dann einen Weg. Wir entwickeln einen Weg zu dem Ziel. Und bei uns ist das Ziel auch das Ziel und nicht der Weg das Ziel. Wie dieser Weg aussieht, das wissen wir manchmal noch nicht nach der ersten Stunde. Manchmal wissen wir das erst nach der zweiten Stunde. Das hat den Hintergrund, dass wir die Menschen und den Hund erst kennenlernen. Bei diesem Kennenlernen suchen und finden wir Ursachen für das Verhalten des Menschen und damit des Hundes. Um dann, anhand der Stärken und Schwächen des Menschen und des Hundes, diesen Weg konkret für den einzelnen Menschen mit seinem Hund zusammenzusetzen, die gefundenen Ursachen zu beheben. Der Weg, der zum Ziel führt.

So manches Mal arbeiten wir auch bei uns parallel mit mehreren Trainern in Einzelstunden. Da kann es schon mal vorkommen, dass drei Menschen mit ihren Hunden unsere Auffahrt entlang gehen, alle begleitet von ihrem eigenen persönlichen Trainer. Und dann kommt oft die Frage auf, warum der eine denn z.B. nur die Auffahrt geht, der andere aber noch viel weiter gehen muss. Oder der eine die Leine so hält, der andere aber ganz anders. Auch das liegt wieder daran, dass wir mit unterschiedlichen Menschen und unterschiedlichen Hunden und unterschiedlichen Ursachen zu tun haben und natürlich auch die Zielsetzungen unterschiedlich sind. Dadurch wird mit jedem Menschen mit seinem Hund individuell gearbeitet. Es findet eben keine methodische Ausbildung statt. Eine Ausbildung ist nur in den seltensten Fällen notwendig, denn die Hunde können bereits alles, da sie schon ausgebildet wurden.

Ein Schwerpunkt liegt darauf, keine Handlungshilfen zu geben, sondern Denkhilfen. Deswegen brauchen wir auch keine Hilfsmittel wie Halti, Schleppleinen, Futterbeutel, Klicker oder ähnliches. Wichtig ist es dabei, diese Denkhilfen so klar und einfach wie nur möglich zu halten. Eine grundsätzliche Zielsetzung ist dabei immer die Simplifizierung, die Vereinfachung des Zusammenlebens zwischen Mensch und Hund, soweit es innerhalb des festgesetzten Zielrahmens und der Ursachen möglich ist.

Eines der wichtigsten Werkzeuge bei der Ursachenfindung ist für mich mein analytisches Denkvermögen, das Cold Reading und das Hot Reading. Bei letzteren beiden werden während eines Gespräches bestimmte relevante Informationen erlangt. Bei der geübten Anwendung lassen sich durch die Techniken viele Informationen erhaschen, die die Person sonst bewusst nicht offenbart hätte, zum Beispiel sogenannte Glaubenssätze oder Gedankenmuster, weil diese nicht bewusst ausgeübt werden. Diese Informationen haben eine hohe Relevanz bei der

Ursachenforschung. Ich habe mich eine Zeitlang auf meine Intuition und meine Empathie verlassen. Doch lag ich allein damit manchmal bei der Ursachenforschung daneben. Alsbald bemerkte ich immer wieder, dass Cold und Hot Reading meine Intuition und Empathie nicht nur ergänzt, sondern in der Genauigkeit bei weitem überschreitet. Beides ist zuverlässiger und genauer, da es nicht so sehr vom Unbewussten und Emotionen gesteuert wird, wie die Intuition. Dies erfordert zwar eine enorme Konzentration und es bedarf eines langen Trainings, bis gute Ergebnisse damit erzielt werden können, doch ist es erheblich hilfreicher und genauer. Ist die Vernunft ein besserer Ratgeber als das Bauchgefühl? Nein. Aus guten Gründen haben Menschen beides, Gefühl und Verstand. Das Geheimnis richtigen Entscheidens besteht darin, beide mitreden zu lassen. Das Bauchgefühl bildet ja letztlich unser jahrelanges Erfahrungswissen ab. Aber selbst bei einem guten Bauchgefühl kann man auch mal danebenliegen. Deswegen berücksichtige ich beides, und man sagt mir gerne nach, dass ich ein reiner Kopfmensch sei. So ganz verkehrt ist das sicherlich nicht. Mittlerweile sehe ich Intuition und Empathie als Ergänzung. Hier ein Beispiel, um die Unterschiede deutlich zu machen: Mit einem Individuum identifizieren wir uns auf empathischer Ebene immer deutlich stärker, als mit einer Gruppe. Bilder aus einem Kriegsgebiet mit einem Einzelschicksal sprechen uns empathisch deutlich stärker an, als ein Foto mit einer Gruppe getöteter Zivilisten. Das gleiche gilt für Hunde. Ein Gruppenfoto von verwahrlosten Hunden in einem Zwinger lassen wir schneller und emotionsloser an uns vorbeiziehen, als ein Foto von einem einzelnen verwahrlosten Hundeschicksal, das traurig durch die Gitterstäbe guckt. Dies machen sich natürlich zum Beispiel Hilfsorganisationen, Werbeagenturen oder Parteien zunutze. Dabei zeigen sowohl die Gruppenfotos als auch die einzelnen Fotos im Grunde dasselbe. Gestorbene Soldaten bzw. verwahrloste Hunde. Wenn ich mich nun nur auf meine Empathie verlasse, werde ich immer auch ein Stück weit in die Irre geleitet. Wenn Menschen ihr Gehirn gebrauchen, also denken, neigt dieses dazu, möglichst wenig Energie für die Bewältigung einer Aufgabe einzusetzen. Denn Energie ist ein knappes Gut. Dabei macht es aber auch leicht Fehler, wie auch in diesem Fall.

Dies kann mir mit Cold Reading in diesem Zusammenhang nicht passieren. Hier sehe ich das Einzelschicksal, als das, was es ist, ein Einzelschicksal, während bei den Gruppenbildern durch das Cold Reading erst die Dimension bekannt wird. Gerne mal ein Beispiel, wie ich Cold Reading einsetze. Jemand kommt mit seinem geräuschempfindlichen Hund zu mir. Ich achte dann sowohl auf den Menschen als auch auf den Hund. Ich frage den Menschen, wie sich das denn darstellt, wie das aussieht, wenn der Hund geräuschempfindlich reagiert. Und vor allem auf welche Geräusche er reagiert. Dann ist es möglich, an der Stimme des Menschen zu hören, zum Beispiel dass sie bei der Beschreibung der Geräusche etwas heller wird, als es sonst beim Reden der Fall ist. Oder die Beschreibung der Lärmquelle so detailliert wiedergegeben wird, dass es die Art und Weise oder die Intensität von anderen, vorherigen Beschreibungen von Begebenheiten übertrifft. Dann habe ich schon einen Hinweis, der mir nur durch Intuition oder Einbringen von Erfahrungswerten entgangen wäre: der Mensch ist zumindest ebenso geräuschempfindlich, wie es der Hund sein soll. Das gilt ebenso, wenn der Mensch in bestimmten Zusammenhängen beginnt, schneller zu reden. Oder anfängt, sich in der Ohrgegend zu kratzen. Oder noch ganz andere Dinge. Sehe ich beim ersten Kennenlernen eine Heavy-Metal-CD im Auto oder höre bei der Ankunft, dass Heavy Metal im Auto läuft, dann ist die Wahrscheinlichkeit um ein vielfaches geringer, dass der Mensch geräuschempfindlich ist. Ob ich dies richtig erkannt habe, sehe ich dann anhand eines kleinen Tests. Ich löse ein lautes Geräusch aus. Manchmal sind unsere Pferde auf der Weide nebenan so nett, und machen auf einmal laute Geräusche in dem leeren Container, dem Offenstall, auf der Weide, als wenn sie wüssten, dass ich es genau jetzt bräuchte. Ansonsten lasse ich auch gerne mal was auf den Tisch fallen, zum Beispiel eine mit großen Kieselsteinen gefüllte Gießkanne. „Rums" macht es dann sehr laut, oder ich klatsche spontan mehrmals in die Hände, wie bei einem Applaus. Reagiert der Mensch darauf, z.B. durch das leichte Zukneifen der Augen, Anspannung der Backenmuskulatur, dem Ballen der Hände zu Fäusten, dem Hochziehen der Schultern bei gleichzeitigem Kopf einziehen, Reiben der Finger aneinander oder Kopf von der Geräuschquelle wegziehen, dann ist eine Ursache für die Geräuschempfindlichkeit gefunden. Es ist der Mensch, der geräuschempfindlich ist. Würde ich mich auf meine Empathie verlassen, dann würde mich die durch die Körpersprache dargestellte Aufregung auf eine falsche Fährte führen. Reagiert der Hund auf das Geräusch ebenso, dann muss ich mich um beide kümmern.

Ein weiteres wichtiges Instrument ist es, unserem Gegenüber zu sagen, was wird, und nicht das, was war. Wir wollen ihn ja schließlich in eine bessere gemeinsame Zukunft führen. Da hilft es nicht, immer wieder rückwärts zu denken, an die Vergangenheit zu denken, sondern es hilft, an die Zukunft zu denken. Mein Gegenüber weiß selber am besten, was war. Daran brauche ich ihn nicht auch noch immer wieder zu erinnern. Viel lieber möchte er an die Zukunft denken. Was passieren wird. Wie das Ziel aussieht. Dazu gehört es, Bilder und Vorstellungen zur Zukunft in dem Kopf meines Gegenübers zu erzeugen. „Oh, was hast du denn da? Da oben, an deiner Stirn? Über deinem rechten Auge. Was ist denn das? Das sieht ganz schön groß aus. Und tiefrot ist es. Da wächst aber ganz schön was zusammen, da oben an deiner Stirn über deinem rechten Auge. So groß, wie das ist, muss es doch schon jucken. Da wächst echt was heran. Alter Schwede. Der wird nicht von schlechten Eltern. Juckt es dich da noch nicht? Du musst mal in den Spiegel schauen. Ich an deiner Stelle würde mich vermutlich schon die ganze Zeit da oben über dem rechten Auge immer nur kratzen." Du hast gemerkt, was mit dir passiert ist, nicht wahr? Du hast gespürt, dass etwas über deinem rechten Auge ist, nicht wahr? Sowas habe ich mal angewendet bei jemandem, der unbedingt alles richtig machen wollte, einem Perfektionisten. Der sich so sehr darauf konzentrierte, dass er völlig angespannt war. So sehr angespannt, dass er sich damit schon wieder selber im Wege stand und damit auch den Veränderungen bei seinen Hunden. Ich habe ihm dann genau das Bild mit dem Jucken über dem rechten Auge in den Kopf gesetzt, und ab da wurde es merklich besser. Immer wieder begann er sich über seinem rechten Auge zu kratzen, obwohl da tatsächlich gar nichts war. Aber sein Gehirn hatte ihm dieses Bild durch meine Worte projiziert. Und dir ging es beim Lesen ähnlich, nicht wahr? Und deswegen fing sein Unterbewusstsein immer wieder an sich da oben zu kratzen. Und dieses Kratzen bei dem rechten Auge führte dazu, dass sein Bewusstsein ein klein wenig abgelenkt war. Genauso viel, wie wir es brauchten, damit er seine überzogene Anspannung verlor und seine Hunde und er ruhiger wurden und ein besseres Leben hatten.

HUNDEBEGEGNUNGEN

Toni, ein junger Mann aus dem Süden Deutschlands, kam für ein Wochenseminar mit seinem Hund, einem weiß braunen Boxermischling, zu mir an die Nordseeküste. Den beiden wollten Hundebegegnungen auf zivilisierte Art und Weise einfach nicht gelingen. Es gab noch hier und da die ein oder andere Baustelle, wie z.B. das Klauen von Abendessen vom Tisch, aber primär sollte es darum gehen, dass Hundebegegnungen in Zukunft entspannt vonstattengehen sollten. Das war das Ziel.

Ich schaute mir an, wie solche Hundebegegnungen von Toni mit seinem Hund bislang aussahen. Dazu ging er unsere gepflasterte Auffahrt entlang, 100 m, bis zur Straße. Eine angenehme Aufgabe bei dem sonnigen, leicht warmen Wetter, das vorherrschte. Beide gingen gemütlich nebeneinander her. Ein angenehmes und harmonisches Bild, was sich uns dort offenbarte. Links der Auffahrt Pferde und rechts der Hundeplatz. An der Straße drehte er um und ging die Auffahrt entlang zurück. Ich schickte ihm unsere Komparsin Kirsten mit ihrer Dolly, einem hellbraunen Boxer, entgegen. Toni kam also in unsere Richtung. Er sah Kirsten mit ihrer Dolly. Er führte seinen weiß braunen Boxermischling an der linken Seite. Die erste Maßnahme von Toni war, dass er in den Bauchbeutel griff, um dort Leckerlis in Form von Käse herauszuholen. Er ging dabei weiter und schaute hinunter zu seinem Hund, während er gleichzeitig den linken Arm mit der Leine in der Hand hoch hob bis fast auf die Höhe seines Kopfes, um den Bewegungsraum des Hundes zu verringern, durch die künstliche Verkürzung der Leine. Es hatte etwas von einem Puppenspieler, der seine Puppen an den Fäden tanzen lässt. Er bewegte schnell die rechte Hand in kurzen Abständen von oben nach unten und von links nach rechts. um mit dieser hektisch anmutenden Bewegung den Hund auf seine Hand mit dem Käse aufmerksam zu machen. So ging er weiter die Auffahrt entlang. Die linke Hand in Höhe seines Kopfes, die Leine dabei stramm, auf seinen Hund schauend, und mit der rechten Hand mit Futter wedelnd. Die Brust und die Schultern angespannt, das konnte man durch die sommerliche Kleidung erkennen. Die Schritte immer steifer werdend, mit jedem zurückgelegten Meter, weil er die Beine immer mehr durchdrückte. Die beiden kamen Kirsten und Dolly immer näher und näher. Und je näher sie kamen, desto mehr interessierte sich der Boxermischling für Kirsten und Dolly. Nun fing Toni an, mit einer hellen, piepsenden Stimme zu sprechen. Das war der Augenblick, in dem sein Hund anfing, leicht zu tippeln und die Rute zu erheben. Es waren nur noch wenige Schritte, bis sie auf Höhe von Kirsten waren. Der Hund zog ganz leicht rüber zu der ihnen entgegenkommenden Dolly und Kirsten. Und je näher sie sich kamen, umso heller, fast schon schrill, wurde die Stimme von Toni. Proportional zu der aufgeregten, fast hysterischen Stimme zog Tonis Hund immer stärker zu Dolly, fast schon auf den Hinterbeinen stehend, nur gebremst von der Leine. Kaum war Toni mit seinem Hund an Kirsten vorbei, senkten sich seine Schultern, man konnte sehen, wie er tief mit der Brust durchatmete, den Kopf leicht nach vorne senkte und sein eigener Schritt wieder federnder wurde. Gleichzeitig sprach er in heller, fast schon schriller Stimme weiter zu seinem Hund, um ihn zu loben, mit den typischen Wörtern, wie fein, bravi und so weiter. Bei mir angekommen, war das erste, was Toni mir erzählte, dass dies eine ungewöhnlich einfache und ruhige Begegnung gewesen sei. Normalerweise würde sein Hund noch viel intensiver und vor allem viel früher zu dem anderen Hund hinziehen, so dass er manchmal schon Probleme hätte, den Hund überhaupt zu halten, manchmal beide Hände bräuchte, um sich abzufangen, um nicht selber hinzufallen. „Das sei jetzt wohl der Vorführeffekt", fügte er noch hinzu.

Ich fragte Toni, ob er mit seinem Hund regelmäßig Fahrrad fahren würde oder ähnliches. Er erzählte mir, dass er mit dem Hund Suchspiele machen würde und dass der Hund auch große Freude daran hätte. Dies soll er auch gerne fortführen. Aber bitte auch eine körperliche Auslastung wie Fahrradfahren einbauen. So setzte ich ihn auf unser Hundeschulfahrrad und schickte die beiden los, erst die Auffahrt und dann unsere kleine Straße entlang, auf der mit Begegnungen, egal ob mit Autos oder anderen Hunden kaum zu rechnen ist. Ich sagte ihm, wie weit er fahren sollte, dort dann wieder umdrehen und wieder zu uns zurückkehren. Er fuhr los. Toni auf dem Fahrrad, sein Hund am Dogrunner. Die ersten Meter waren ein wenig holprig, wackelig, schlenkernd, weil auch der Hund sich erst daran gewöhnen musste, neben dem Fahrrad zu laufen. Aber noch keine 100 m die Auffahrt entlang, hatten sich die beiden schon eingespielt, und der Hund lief neben ihm am Fahrrad und schaute dabei zu ihm hoch. Nach ungefähr 20 Minuten kam er zurück. Beide machten einen zufriedenen, fröhlichen Eindruck. „Das habe ich mir viel schwieriger vorgestellt", freute sich Toni bei seiner Ankunft. Er war froh, dass es so einfach war. Wo sollte da auch das Problem sein? Alles, was wir in diesem Fall von dem Hund wünschten, war doch nur, dass er geradeaus läuft. Mehr nicht. Und auf dem Rückweg hatte er schon den Entschluss gefasst, dies in Zukunft öfters zu machen, weil es beiden so viel Spaß bringt. Ich sagte zu ihm, dass er dies nicht nur öfters machen soll, sondern täglich! Denn eine der Ursachen, warum sein Hund sich so in einer Begegnung verhält, wie es sich eben dargestellt hat, war die fehlende körperliche Ausgeglichenheit des Hundes. Dolly war für seinen Hund quasi ein Versprechen auf Bewegung, auf herumtollen, raufen, rennen. Dabei geht es nicht darum, den Hund so dermaßen auszupowern, dass er den Rest des Tages schlafend in der Ecke liegt, sondern wirklich nur darum, ein entsprechendes Maß zu haben, bei dem der Hund seinen körperlichen Bewegungsdrang befriedigen kann, um ein ausgeglichener Hund zu sein. Und für den Hund von Toni liegt hier in diesem Zusammenhang mit dem Fahrradfahren die Zeit bei ungefähr 20 bis 30 Minuten am Tag.

Er stieg vom Fahrrad ab. Ich bat ihn, seinen Bauchgürtel mit dem Futter abzulegen und mir zu geben. Ich legte den Bauchgürtel zur Seite und sagte ihm, dass er auf ein Ziel schauen solle, das dort am Ende der Auffahrt steht. Er sollte nirgendwo anders hinschauen. Nur zu diesem Ziel. Dort angekommen soll er umdrehen und wieder zu mir gehen. Er sollte dann nur zu mir schauen. Nirgendwo anders hin. Nur zu mir. Egal, was um mich und ihn herum passiert. Nur zu mir. Alles andere ginge ihn nichts an. Alles andere solle er ausblenden. Er durfte auch nur noch ein Wort sagen und das war das Kommando „Fuß". Kein anderes Wort. Und dies soll er so sagen, als wenn er es mir sagen würde. Zum Vorteil für uns beide war er sehr empfänglich für bildhafte Suggestionen, die ich dazu verwendete.

Dann schickte ich ihn los. Die Auffahrt entlang zu dem angegebenen Ziel. Sein braun weißer Boxermischling an seiner linken Seite. Sein Blick nach vorne gerichtet. Und still. Das angegebene Ziel hatte er erreicht und drehte dort wieder um, zurück zu uns zum Hof. Ich stand am Ende der Auffahrt. Er schaute nur zu mir. Nachdem Toni die Hälfte des Weges zurückgegangen war, schickte ich wieder Kirsten mit ihrer Dolly los. Toni schaute weiterhin nur zu mir. Er musste sich zusammenreißen, das merkte man ihm an. Er war auch angespannt und konzentriert. Das konnte man deutlich sehen, konzentriert, alles andere auszublenden, nur zu mir zu schauen. Seine Schrittfrequenz erhöhte sich leicht und sein Schritt

wurde steifer. Seine Schultern spannten sich ebenfalls an. Als sich sein Hund und Dolly von Kirsten direkt auf einer Höhe begegneten, schaute sein Hund einmal kurz rüber, zog für den Bruchteil einer Sekunde dahin, ordnete sich aber gleich wieder bei Toni an der Seite ein. Damit waren die ersten Ursachen für das Verhalten des Hundes in Hundebegegnungen gefunden und gelöst.

Toni lieh sich noch am selben Tag in der Fahrradvermietung ein Rad. Er fuhr mit seinem Hund in den kommenden Tagen täglich den Deich an der Elbe entlang. Es gab auch beim Fahrradfahren keine Probleme mehr in den Begegnungen mit anderen Hunden. Sein Hund lief in seinem Tempo an seiner gewünschten Seite geradeaus weiter.

Während wir in den weiteren Tagen des Wochenseminares das Verhalten und die Gedankenwelt von Toni festigten, erklärten wir seinem Boxermischling noch, dass man nichts vom Tisch nehmen solle. Aufgrund des veränderten Verhaltens und des neuen Blickwinkels auf seinen Hund, akzeptierte sein Hund dieses Verbot relativ schnell und problemlos.

Am letzten Tag des Wochenseminares schickte ich Toni mit seinem Hund in einen gleichzeitig stattfindenden Gruppenunterricht unserer Trainerin Christa. Dort musste Toni mit seinem Hund an den anderen Hunden vorbeigehen, bei diesen stehen bleiben, dem anderen Hundehalter die Hand geben und kurz begrüßen, während sein Hund sitzen musste. Sein Hund lief brav an seiner Seite, wenn es erforderlich war, und er blieb in allen Hundebegegnungen sitzen.

Nach einigen Wochen bekam ich von Toni eine Nachricht. Sein Hund würde noch immer ganz ruhig und gelassen durch die Begegnungen gehen. Sowohl beim Spazierengehen wie auch am Fahrrad. Und er würde natürlich jeden Tag Fahrradfahren. Immer die 20 bis 30 Minuten am Tag. Seiner Nachricht legte er ein Bild bei, wie er mit seinem Hund Fahrrad fährt. Na geht doch, war doch gar nicht so schwer. :-)

Solltest du, lieber Leser, denken, das probiere auch doch auch mal, schließlich benimmt sich mein Hund doch sehr ähnlich dem Boxermix vom Toni, so sei nicht enttäuscht, wenn es nicht zu einer Verhaltensveränderung deines Hundes kommt. Denke daran, dass du ein anderer Mensch bist, mit einem anderen Hund, mit anderen Zielen, Stärken und Schwächen.

EMPFINDLICHKEITEN

Manchmal staune ich darüber, wie viel Buchhaltung zu einem Hund gehören kann. Buchhaltung insofern, als dass mir ein junges Pärchen, Nadja und Jürgen aus Südniedersachsen, eine ganze DIN-A4-Seite aufgeschrieben hatte, mit all den Dingen, vor denen ihr Hund, Anton, Angst hätte. Dazu hatten sie ein Punktesystem ausgearbeitet und integriert. Eins bedeutete, dass Anton davor nur ein bisschen Angst hat und zehn stand für absolute Panik. Und Woche für Woche wurden alle diese Punkte mit diesem Bewertungssystem neu bewertet. Darüber konnte das Pärchen dann sehen, an welchen Punkten sie Fortschritte erzielten. An welchen Punkten sich nichts veränderte. Und an welchen Punkten es Rückschritte gab. Ich möchte als Beispiel mal den obersten Angstfaktor nennen, der auf dem Zettel stand.

Angst vor Ehemann 10,10,10,9,9,9,8,7,7,6,5,5,4,4,3,2,1
Anhand dieses Beispiels konnte man sehen, dass der Hund innerhalb von 17 Wochen von panischer Angst gegenüber Jürgen sich so weit entwickelte, dass er keine Angst mehr hatte. Und genauso war die Entwicklung bei all den anderen über 30 Faktoren, vor denen Anton Angst hatte, abzulesen. Leider war nicht in allen Punkten eine solch positive Entwicklung zu sehen. Bei manchen verhielt es sich auch umgekehrt, die Angst wurde schlimmer bis hin zur Panik.

Als ich Nadja und Jürgen bei mir kennen lernte, war es einer der wenigen schönen Sommertage, die wir in dem Jahr hatten. Wir genossen das Wetter, die Sonne, die Wärme. Anton döste in der Sonne. Ich nahm den Zettel, dazu eine Tasse Kaffee, und studierte ihn erst mal. Ich fand es sehr interessant, dass nach diesem Punktesystem im Grunde genommen Anton immer in einem Angstzustand ist. Es gab keine Zahl, für angstfrei oder gelassen, es gab keine Null. Auf den ersten Blick konnte ich dort kein Muster erkennen. Außer die akribische Systematik, mit der dieser Zettel geführt wurde. Ich sah, dass die Striche der Tabelle mit einem Lineal gezogen, die Wörter alle in großen Druckbuchstaben geschrieben wurden. Ich sah, dass für all diese Zahlen, die im Laufe der ganzen Wochen geschrieben wurden, offensichtlich immer der gleiche Stift benutzt wurde. Der Zettel war klar, exakt und durchstrukturiert. Er war aufgeräumt, wie das Auto. Darin lag auch alles genau dort, wo es hingehört. An der Leine und dem Halsband von Anton war kein Fitzelchen Dreck zu sehen. Das alles deutete daraufhin, dass sie in dieser aufgeräumten Ordnung Gefallen und Sicherheit für den Alltag fanden. Sie hatten sich ein Gerüst gebaut, an dem sie sich durch den Alltag entlang hangeln konnten. Durcheinander, Chaos, Unvorhersehbarkeiten, wie sie Anton lieferte, passten dort nicht hinein. Das machte sie unsicher und gab ihnen ein schlechtes Gefühl. Das Gefühl, die Kontrolle zu verlieren. Dazu passte eben auch, dass es in den Punktesystem keine Zahl für angstfrei gab. Aber ein Muster auf dem Zettel, das auf einen ursächlichen Zusammenhang schließen ließ, konnte ich nicht erkennen. So legte ich dann nach einiger Zeit den Zettel zur Seite.

Einige dieser Angstauslöser des Hundes hatte ich mir gemerkt und ich fragte die beiden, wie denn die Angst bei ihrem Hund zu Tage treten würde. Ich fragte sie, woran sie denn erkennen und festmachen, ob diese Angst nun einen Wert von 2, 7, oder 10 bekommt. Und ich fragte sie nach konkreten Beispielen zu einigen dieser Auslöser. Sehr schnell wurde klar, dass sie den Angstzustand ihres Hundes ausschließlich an der Rutenhaltung von Anton bewerteten. Andere Faktoren, wie zum Beispiel die Kopfhaltung oder die Haltung der Ohren oder auch der Beine ließen sie völlig außer Acht. Auch die situativen Zusammenhänge.

Während sie mir all dies erklärten, beobachtete ich gleichzeitig Anton. Und auch hier wurde sehr schnell klar, dass die Stimmung der Menschen sofort auf den Hund abfärbte. Er war für die Stimmungslagen von Nadja und Jürgen sehr sensibel. Das sprach schon mal dafür, dass Anton zumindest sich für Nadja und Jürgen interessierte, und die Beiden ihm nicht egal waren.

Einer dieser Angstauslöser auf dem Zettel war zum Beispiel „zischende Geräusche". Ich fragte Nadja danach, was sie denn konkret damit meinen würde. Und sie fing an, mir diese zu beschreiben. Gleichzeitig begann sich ihre Stimmlage zu verändern. Nadjas Stimme wurde ein kleines bisschen heller. Und sie fing an, mit ihren Händen zu gestikulieren. Viel stärker als zuvor. Sie machte dabei immer wieder wellenförmige Bewegungen mit ihrer linken Hand. Im ersten Moment wusste ich noch nichts damit anzufangen, deswegen habe ich diese drei Faktoren schnell in meinem Kopf zusammengebracht und habe versucht mich dort hinein zu versetzen. Ängstlichkeit, dadurch erkennbar, dass die Stimme beim Sprechen heller wurde, zischende Geräusche und Wellenbewegung. Zischen und Wellenbewegung deutete für mich auf eine Schlange hin. Die helle Stimme brachte die Angst dazu. Ich schaute Nadja an und sagte ihr: „Du hast Angst vor Schlangen!" Sie schaute mich überrascht und auch etwas ertappt an und bejahte mir dies. Sie hätte regelrecht eine Phobie vor Schlangen. Sie ekelte sich davor, sprudelte es aus ihr heraus und machte dabei mit ihrem linken Arm eine Bewegung von ihrem geöffneten Mund weg nach vorne, als wenn dort etwas herauskommen würde, sie sich übergeben müsste.

Und damit hatten wir bereits für mindestens einen der Punkte auf der Liste die Ursache gefunden. Immer wenn Nadja zischende Geräusche hörte, kam ihre Phobie gegenüber Schlangen hoch. Dies spürte der Hund und reagierte entsprechend, indem er sie spiegelte. Dumm nur, dass ihr in einer zuvor besuchten Hundeschule das Zischen empfohlen wurde, um dem Hund ein Tabu zu setzen, ihm etwas zu verbieten. Und in dem dortigen Gruppenunterricht zischten alle immer mal wieder, denn dort wurde methodisch gearbeitet.

In einem ganz anderen Fall hatte ich mal einen Mann vor mir stehen, ich fragte ihn, wie denn sein Tabuwort lauten würde. Wäre es ein Nein, oder ein Pfui? „Ein Zischen", so lautete die Antwort. Ich fragte, ob er das ändern möchte. Er sagte: „Oh ja, bitte, ich möchte das so sehr ändern. Ich komme mir so erbärmlich und lächerlich in der Öffentlichkeit damit vor." Ein wunderbares Beispiel dafür, wie sehr Gruppenzwang selbst in einer Hundeschule wirken kann.

In dieser Form konnten wir auch die Ursachen für einige weitere Punkte auf der Liste von Nadja und Jürgen finden. Es handelte sich dabei um Punkte, vor denen Jürgen oder Nadja entsprechende Ängste hatten. Unter anderem auch schwarze Hunde, und ältere Menschen auf Fahrrädern. Letztere, weil die ja aufgrund ihres Alters nicht mehr so sicher fahren würden. Dieser Gedanke dürfte nicht verwundern bei dem eingangs beschriebenen Punkt zum Persönlichkeitsprofil.

Was war mit den anderen Punkten auf der Liste? Ich fragte das Pärchen nochmals, woran sie bei diesen Punkten erkannten, dass Anton Angst habe. Und ich bekam wieder die Antwort, wie ich sie schon oben beschrieben habe. Sie machten die Angst des Hundes ausschließlich an dessen Rutenhaltung fest. An keiner anderen Ausdrucksform des Hundes. Nur an der Haltung der Rute. Ich fragte sie, wie sie darauf kommen, dass die Angst eines Hundes nur an der Haltung seiner Rute zu beurteilen sei. Das hätte man ihnen in der vorigen Hundeschule so gesagt. Gut, damit schloss sich der Kreis.

Auf der Liste stand unter anderem, dass der Hund Angst vor Gullideckeln hätte und über diese nicht hinweggehen würde. Eine Phobie mit Gullideckeln konnte ich bei den beiden nicht finden. Leider konnte ich auch mangels Kanalisation bei uns diesen Angstfaktor nicht austesten. Aber den auf dem Zettel eingetragen Angstfaktor mit gelben Säcken konnte ich gut nachstellen. Ich nahm einige unserer gefüllten gelben Säcke, während Anton noch bei geöffneter Heckklappe im Auto saß. Ich legte die gelben Säcke bei uns auf dem Hof und auf die Auffahrt entlang. Ich bat Nadja mit Anton in Richtung der Straße zu gehen und damit an diesen gelben Säcken vorbei. Nadja beschrieb mir schon vorher ungefragt, was gleich passieren wird. Anton würde bocken. Er würde springend und hopsend versuchen, sich rückwärts aus dem Halsband zu winden. Er würde dabei jaulen und winseln. Sie leinte ihn an, nahm ihn aus dem Auto und dann passierte genau das, was sie beschrieben hatte. Anton fing an, an der Leine nach hinten weg zu bocken. Er versuchte sich aus dem Halsband zu ziehen. Und er winselte dabei. Jürgen sagte dabei zu mir: „Siehst du Eckard, dort, der Anton hat seine Rute bis unter den Bauch geklemmt." Ja, stimmt. Was er offensichtlich nicht bemerkte, war, dass die Ohren hoch waren, der Kopf hoch erhoben war, die Beine durchgedrückt waren. Alles Ausdrucksformen, die nicht für Angst sprachen, sondern in diesem Zusammenhang für selbstbewussten Trotz. Ich bat Nadja zurück zum Auto zu gehen. Der Hund sprang auch ohne weitere Aufforderung gleich wieder in den Kofferraum und legte sich völlig entspannt hin, den Kopf auf der Kante des Kofferraums abgelegt. Er hechelte nicht mal. Etwas, was man erwarten könnte, nach so viel Aufregung und Stress und Angst, die er vorgab zu haben. Nein, er legte sich hin, atmete völlig ruhig und schaute, nur seine Augen bewegend, was Jürgen und Nadja jetzt machen würden. Damit war schon offensichtlich: Anton spielte ihnen etwas vor. Und er hatte Spaß daran, den beiden etwas vorzuspielen. So hatte er jede Menge Macht, hier nicht zu verwechseln mit Dominanz, über die beiden. Ich bat Nadja, den Weg nochmals an den gelben Säcken vorbeizugehen. Sie solle weitergehen, nach vorne schauen und nicht auf den Hund achten, egal was er macht. Sollte einfach zur Straße gehen. Und sie sollte den Gedanken in sich tragen, dass überall dort, wo sie lang geht, auch ihr Hund lang gehen kann. Dass überall dort, wo sie lang geht, ihrem Hund nichts passieren wird, weil sie über die größere Lebenserfahrung von beiden verfügt. Dass überall dort, wo sie lang geht, ihr Hund in Sicherheit ist, weil sie in der Lage ist, die Situationen einzuschätzen.

Ich setzte ihr neue Bilder und Vorstellungen vom Verhalten des Hundes in ihr Vorstellungsvermögen. Die Augen von Nadja wurden groß. ihre Pupillen auch. Zwar skeptisch, aber sich dennoch darauf einlassend, ging Nadja mit Anton los. Und es passierte zu Anfang wieder genau das, was Anton schon als eigenes Muster ritualisiert hat. Er bockte an der Leine herum. Er versuchte sich aus dem Halsband zu ziehen und er winselte und jaulte. Doch Nadja schaute nach vorne und ging einfach weiter. Schritt für Schritt. Immer weiter Richtung Straße. An dem ersten gelben Sack vorbei. An dem zweiten gelben Sack vorbei. Und am dritten gelben Sack trottete Anton einfach nur noch hinter ihr her. Die Rute entspannt hängend. Die Ohren hoch. Der Kopf hoch. Und zwischendrin schaute er zu seinem Frauchen hoch, das sich so plötzlich verändert hat. Und so ging es an den weiteren gelben Säcken vorbei zur Straße und den ganzen Weg wieder zurück bis zu uns auf dem Hof zu ihrem Auto. Auf dem Rückweg ging Anton bereits neben ihr.

Damit hatten wir eine weitere Ursache gefunden, warum der Hund vor manchen Dingen Angst hatte. Es machte ihm Spaß. Er hat geschauspielert. Und Hunde können fantastische Schauspieler sein. Wir haben hier schon Hunde erlebt, die humpelten auf einem Vorderbein. Der Mensch reagierte darauf mit entsprechenden Emotionen. Die Hunde behielten dann das Humpeln gerne noch einige Zeit bei. Sie schauspielerten. Das konnten wir daran sehen, dass sie das Bein wechselten, auf dem sie humpelten.

Nachdem ich dies Nadja und Jürgen erklärt hatte, waren die beiden natürlich erst mal sehr erstaunt und überrascht. Sie brauchten einige Zeit, um sich wieder zu sammeln, das schauspielerische Talent ihres Anton zu verarbeiten und sich in der neuen Situation zurecht zu finden.

Jürgen war darin etwas schneller als Nadja. Als er die neue Situation realisiert hatte, nahm er Anton, bat mich mit unserem Hundeschulfahrrad ihnen gleich entgegenzukommen, und ganz dicht an Anton vorbei zu fahren. Auf der „Anton-Angst-Liste" stand unter anderem, dass Anton Angst hätte vor dicht vorbeifahrenden Fahrrädern mit älteren Männern darauf. Aus Sicht eines Pärchens Anfang 20 war ich mit fast 50 bereits ein älterer Mann. Ich sagte zu und Jürgen ging los. Er ging los, mit erhobenem Haupt, lockeren Schultern und nach vorne schauen zum Ziel, an den noch liegenden gelben Säcken vorbei. Er hatte sich selber eingeimpft und eingeprägt, was ich zuvor mit Nadja erarbeitet hatte. Anton schaute die ersten Meter etwas irritiert, aber von Bocken war jetzt schon keine Spur mehr. Am Ende unserer Auffahrt angelangt, drehte Jürgen um und ging wieder zurück zu uns in Richtung des Hofes. Ich fuhr mit dem Fahrrad los. In der Mitte der Auffahrt. Er hatte jetzt zusammen mit Anton weniger als einen Meter Platz zwischen dem Zaun und mir auf dem Fahrrad. Ich fuhr dicht an ihnen vorbei. Anton zuckte nicht einmal. Ich drehte alsbald um und fuhr hinter Jürgen und Anton her. Ich holte sie ein und auf ihrer Höhe fuhr ich in dem Tempo, das der Jürgen ging, parallel neben ihnen her. Anton war nun zwischen mir auf dem Fahrrad und Jürgen. Und Anton schaute genauso wie Jürgen nur nach vorne, mit dem Gedanken: das geht uns alles nichts an. Wieder auf dem Hof angekommen, bat Nadja darum, nun mit Anton gehen zu können. Nadja übernahmen die Leine von Jürgen und ging mit Anton los, die Auffahrt entlang Richtung Straße. Zu ihrer Linken die Pferdeweide, auf der die Ponys anfingen über die Weide zu rennen, zu ihrer Rechten der gerade ungenutzte Hundeplatz, in dessen Büschen am Rand die Spatzen Spektakel machten, auf der Auffahrt, wie Hindernisse platziert, gelbe Säcke. Während Nadja auf dem Weg zur Straße war, bat ich Kirsten, mit meiner Brenda loszugehen, wenn ich mit dem Fahrrad Nadja entgegen fahren würde. Dadurch hatte Nadja mit Anton gleich zwei Konfrontationen. Zum einen mich auf dem Fahrrad, und zum zweiten Kirsten mit meiner Brenda, denn auf der Liste stand unter anderem, dass Anton Angst vor schwarzen Hunden hätte. Mittlerweile war Nadja an der Straße angekommen, und kehrte dort um, den Weg über die Auffahrt zurück zu uns auf dem Hof. Ich fuhr mit dem Fahrrad los und zeitgleich ging Kirsten mit Brenda ebenfalls Richtung Straße los. Sowohl ich auf dem Fahrrad als auch Kirsten gingen in der Mitte der Auffahrt. Dadurch blieb Nadja und Anton nur wenig Platz. Es waren beengte Verhältnisse, denen ich Nadja und Anton aussetzte. Mein Entgegenkommen auf dem Fahrrad nahm Anton augenscheinlich nicht wirklich wahr. Und die kurz darauf erfolgte Begegnung mit Kirsten und Brenda verlief ebenfalls genauso problemlos, wie Nadja sich das immer gewünscht hatte.

Offensichtlich hatten wir alle Ursachen gefunden und gelöst. Am Ende war der entscheidende Moment für Nadja, zu sehen, wie Jürgen mit Anton gegangen ist. Zu sehen, dass Jürgen mit Anton problemlos durch eine Situation gehen konnte, die für sie in ihrer Vorstellung zuvor noch unmöglich war zu bewältigen. Und dieses Bild war es schließlich, das ihr den letzten Kick gegeben hat, ihr das Wissen gegeben hat, mit Anton durch all die Widrigkeiten des Alltags gehen zu können.

Ich habe diese Erzählung ein wenig zusammengerafft, damit es flüssiger lesbar ist. Bis zu diesem Ergebnis brauchte es insgesamt sechs Einzelstunden in drei Tagen. In den weiteren vier Einzelstunden wiederholten wir mit Hilfe von Komparsen hauptsächlich Szenarien, die für Nadja und Jürgen bis dahin schwer mit Anton zu händeln waren. Dadurch konnten die beiden Sicherheit und eine gewisse Routine entwickeln.

Zwei Wochen wieder zu Hause, kontaktierten mich die beiden und berichteten mir, dass die ersten Tage zu Hause sehr schwer mit Anton waren, denn er kehrte zunächst in seine alten Verhaltensmuster zurück, so nach dem Motto, als wenn er gefragt hätte, ob all das nun ebenso zu Hause gelten würde, was in der letzten Woche im Pfotenland auf dem Pfoten-Pfad gegolten hat. Doch nach einigen Tagen der Selbstdisziplin von Nadja und Jürgen legte Anton das gleiche ausgeglichene Verhalten an den Tag, wie zuletzt im Pfotenland.

Sollte dein Hund ein ähnliches Verhalten zeigen, wie ich hier mit Anton beschrieben habe, und solltest du, lieber Leser, nun auf die Idee kommen, dies auch so zu probieren, so sei nicht enttäuscht, denn vermutlich klappt es nicht. Du bist ein anderer Mensch, mit einer anderen Biografie, einer anderen Persönlichkeit, einem anderen Hund und anderen Vorstellungen vom Zusammenleben mit deinem Hund. Wenn du diese Probleme im Zusammenleben mit deinem Hund hast, dann ziehe jemanden zu Rate, der die Ursachen dafür findet.

Und jetzt stell dir mal vor, du hast einen Hund, der empfindlich auf Knallerei und ähnliches reagiert. Sei es durch Fluchtreaktionen, Angriffsreaktionen oder schlichtes Erschrecken. Dein Hund ist also geräuschempfindlich. Und du möchtest deinem Hund den Stress durch laute Geräusche gerne nehmen. Was tust du also? Du schaust im Internet nach, in einem Forum oder einer Facebook-Gruppe zum Beispiel. Nachdem du viel Zeit dort für das Lesen und das Beantworten der Kommentare auf dich genommen hast, bist du auch nicht viel weiter. Und dann gehst du in eine Hundeschule. Und du vertraust darauf, dass dir dort geholfen wird. Dort wirst du an die Hand genommen und man setzt deinen Hund lauten Geräuschen aus. Und wenn er nicht reagiert, sich also ruhig verhält, so wird er gelobt. Ansonsten wird er weiter mit der Knallerei traktiert und sein Verhalten ignoriert. Desensibilisierung nennt man dieses Vorgehen auch. So praktiziert von einer Tierärztin, die an der Tierärztlichen Hochschule in Hannover Prüfungen für angehende Hundetrainer abnimmt. Ich habe sie darauf hingewiesen, ob es nicht sinniger sei, die Ursache für diese Geräuschempfindlichkeit zu suchen und mit der Ursache auch das Symptom zu nehmen. Sie antwortete mir lapidar: „Quatsch, mit der Konditionierung können wir beim Hund alles an Verhalten erreichen, was wir uns vorstellen können."

Es geht darum, dass der Mensch mit seinem Hund Hilfe sucht. Und was bekommt er? Eine Symptombehandlung. Es wird gar nicht geschaut, warum der Hund geräuschempfindlich ist. Was die Ursache dafür ist. Es wird darauf geschaut, wie wir dieses Symptom, die Geräuschempfindlichkeit, wegbekommen. Es werden Fliegen gejagt, statt die Fäkalien zu entfernen. Klar, der Hundehalter verlässt sich auf die schönen Zertifikate, die Kompetenz vermitteln sollen, auf manchen steht es sogar regelrecht drauf, Zertifikate, die ein hohes Maß an fachlichem Wissen darstellen sollen. Manchmal hängen diese an der Wand, so dass man den Eindruck hat, es sollte an Tapete gespart werden, manchmal sind sie auch großflächig im Internet auf der Homepage dargestellt. Und der Hundehalter, der Hilfe sucht, verlässt sich darauf. Was soll er auch sonst tun? Ich kann den hilfesuchenden Hundehalter verstehen.

Und wenn dann die Desensibilisierung nicht funktioniert, dann wird zum Nächsten gegriffen. Es werden z.B. Bachblüten genommen, irgendwelche Globuli oder es werden Beruhigungsmedikamente empfohlen. Und wieder wird nur an den Symptomen herumgedoktert. Aber nicht an der Ursache. Und beim Hundehalter steigen die Enttäuschung, die Frustration und die Resignation. Hatte er es sich doch so schön vorgestellt mit seinem Hund. Ein schönes Leben, zusammen durch dick und dünn gehen. Auch mal mit ihm an einer Straße entlang laufen können, ohne immer wieder die Sorge zu haben, dass der eigene Hund in Panik gerät aufgrund eines lauten Geräusches. So sehr hatte er sich darauf gefreut. Und jetzt sollen all diese Träume, diese Wünsche, diese Vorstellungen nicht realisierbar sein?

Dabei müsste doch eigentlich jeder Hundetrainer spätestens dann stutzig werden, wenn er von dem Hundehalter hört, dass er immer solche geräuschempfindlichen Hunde gehabt habe. Oder der Jäger, der zu mir kam, und Hilfe suchte, weil sein Hund nicht schussfest sei und hörte, dass ich in solchen Fällen helfen könne. Die Hilfe, die er brauchte, bekam er, und sein Hund war am Ende schussfest und bestand alle erforderlichen Prüfungen. Doch sah die Hilfe nicht so aus, wie er sich das zunächst vorstellte. Es war schnell zu erkennen, dass er bei jedem Schuss erschrak. Das konnte ich ganz einfach simulieren, in dem ich ein Brett auf einen Tisch schlug. Das schwierigste war für ihn, zu akzeptieren, dass er nicht schussfest war. Ich half ihm durch eine einfache Hypnose, die lauten Geräusche gelassen hinzunehmen. Nach wenigen Sitzungen schlug die Hypnose an und sein Leben verbesserte sich zum Vorteil aller, auch des Hundes.

Wir nennen sie die Gewitterhunde, die Hunde, die auf lautes Donnergrollen oder Böller reagieren. Die Reaktionen der Gewitterhunde sind sehr unterschiedlich, die Bandbreite des Verhaltens sehr groß. Typisch sind die allgemeinen Stresssignale, wie Speichellecken, aber auch ungehemmte Angst, wie das Verbeißen in etwas, manchmal leider auch in den Unterschenkel des Menschen, wie wir schon erlebt haben.

Grundsätzlich ist es so, dass kein Hund auf die Welt kommt und Angst vor Gewitter hat. Das hat er sich von jemandem abgeschaut oder entsprechende Erfahrungen gemacht. Das Abschauen kann von seiner Mutter sein, von einem anderen Althund, aber meistens von seinen Menschen, seiner neuen Familie.

Denn meistens hat der Hund gar keine Angst vor dem Gewitter. Er reagiert nur auf die Reaktionen seiner Menschen. Diese haben entweder selbst Ängste oder sie schauen neugierig, so nach dem Motto: ob der wohl bei dem Donner reagiert? Meist passiert das schon beim Welpen. Wie er wohl reagieren wird, wenn das erste Donnergrollen durch die Luft rollt? Dadurch bekommt der Hund natürlich eine Rückmeldung von seinem Menschen. Diese Rückmeldung kann der Hund je nach Situation so auffassen, dass seine Menschen Angst vor dem Gewitter haben, denn sie schauen ja hilfesuchend zu ihm, fragen ihn, was wohl los ist. Wir Menschen machen das ja untereinander nicht anders. Wenn wir mit mehreren Personen an einem uns fremden Ort sind, und es ertönt ein lautes unbekanntes Geräusch, dann schauen wir uns auch gegenseitig an, fragend, was das wohl war. Ich erlebe dies öfters in der Hundeschule, wenn ein Landwirt mit seinem Traktor zum Beispiel die Weiden mäht. Das Hochfahren des Mähwerks durch den Traktor erzeugt ein für Städter unbekanntes, schrilles Geräusch und immer schauen die Städter mich dann an, mit einem fragenden Blick.

Dies kann soweit führen, dass der Hund bereits reagiert, wenn sein Mensch schläft und dabei von einem Gewitter nur träumt. Dies haben wir an einigen Beispielen erlebt. In diesen Fällen zeigt es sich, dass die Hunde auf die Reaktionen des Menschen reagieren, nicht auf das Gewitter.

Aber es gibt auch Fälle, in denen der Hund auf das Gewitter reagiert; meistens ist der Grund, dass das Gewitter mit einem Schreck verbunden ist. Ich habe so etwas mit meinem Jessy erlebt. Es zog damals bei uns sehr schnell ein Gewitter auf, während ich noch mit Fahrrad und Jessy unterwegs war. Ich trat in die Pedale und Jessy rannte unbekümmert trotz des herannahenden Unwetters mit mir um die Wette. Kurz bevor der Himmel seine Schleusen öffnete und es wie aus Kübeln schüttete, erreichten wir unsere Scheune und stellten uns unter. Da begann auch schon das Gewitter zu toben. Die Blitze schlugen nicht allzu weit von uns ein, mit dem einhergehenden, bekannten Grollen und Krachen. Jessy kümmerte das nicht. Er lag bei mir, hechelnd von dem gestreckten Galopp vom Rückweg. Plötzlich schlug ein Blitz nur hundert Meter von uns entfernt in einen Baum ein. Gleichzeitig krachte es ohrenbetäubend. So sehr, dass es selbst mir in den Ohren schmerzte. Die Türen des in der Scheune angebrachten Sicherungskastens schlugen auf und ein greller, gelber Blitz schlug heraus. Dies erschrak meinen Jessy dermaßen, dass er sich augenblicklich in einem Zustand von Panik befand. Er rannte kreischend und unter sich urinierend durch die Scheune, so dass ich ihn einfangen musste, damit er nicht noch irgendwo gegen rannte und sich verletzte. Seit diesem Tag hatte Jessy Angst, wenn ein Gewitter aufkam. Er verkroch sich dann gerne unter einem Tisch oder dem Bett. Er suchte also eine Art Höhle. Mit der Zeit wurde es weniger, da wir ihm immer wieder bei Gewitter Sicherheit gaben, dadurch, dass wir ihn nicht anschauten, ansprachen oder berührten, draußen saßen. Wir machten einfach weiter bei einem Gewitter mit unseren gewohnten Tätigkeiten. Als wenn nichts wäre. An diesem Beispiel sieht man andererseits, dass es für Hunde keine hunderte oder gar tausende von Wiederholungen braucht, damit er etwas lernt, wie es gerne in der Methodik der Konditionierung dem Hundehalter erzählt wird. Die kognitiven Fähigkeiten eines Hundes bedürfen meist nur vereinzelter Wiederholungen, um zu generalisieren. Nicht nur bei Gewitter. In jede Richtung. Bei allem.

DIALOGE

AUS EINEM GESPRÄCH

„Mein Hund kommt aus der Tötung."

„Ach ja?"

„Ja, das weiß ich."

„Woher?"

„Das hat mir die Frau von der Tierschutzorganisation gesagt. Sie hat ihn direkt vor der Gaskammer gerettet."

„Und du kennst diese Frau?"

„Ja, Ich kenne sie."

„Nur von der Tierschutzorganisation oder woher kennst du sie?"

„Ich habe sie kennengelernt als ich den Hund abgeholt habe. Und da hat sie mir ein Bild gezeigt."

„Was für ein Bild?"

„Dieses Bild."

Ich bekomme ein Bild unter die Nase gehalten, das aussieht wie in einer Schlachterei. Über den ganzen Boden und die Wände hoch bis fast zur Decke alles in hellen Fliesen. Mit Käfigen aus Draht links und rechts. In einigen wenigen sitzen Hunde, an deren Box ein Schild mit einem Totenkopfsymbol. Wenn diese koten oder urinieren, dann fällt es auf den Hund darunter, da auch der Boden nur aus Drahtgeflecht besteht. Und von der Decke herunter hängt ein Schild mit der Aufschrift in Deutsch: Tötungsstation.

„Sagtest du mir nicht, der Hund käme aus Rumänien?"

„Ja, das hat die Frau von der Tierschutzorganisation mir gesagt."

„Und diese Frau hat dir auch das Bild gegeben?"

„Ja, das hat sie."

„Hat es dich nicht gewundert, dass in Rumänien ein Schild in einer Tötungsstation hängt, auf dem auf Deutsch das Wort Tötungsstation steht?"

„Nein, das hat es mich nicht.“

„Warum nicht?“

„Wenn es dort auf Rumänisch stehen würde, dann würde ich es ja nicht verstehen.“

„Woher kennst du diese Frau von der Tierschutzorganisation?“

„Die kennen doch viele. Die ist doch immer an der Autobahnraststätte.“

„An welcher Autobahnraststätte?“

„Na, an der A1. Zwischen Hamburg und Bremen. Dort gibt sie ja immer die Hunde heraus.“

„Wie gibt sie denn dort die Hunde heraus?“

„Aus ihrem Kofferraum an diejenigen, die sie haben möchten. Sie holt sie immer aus Rumänien und dort verkauft sie die dann.“

„Sie verkauft die Hunde also an der Autobahnraststätte? Aus einem Kofferraum heraus?“

„Ja. Dort habe ich sie auch kennengelernt. Und dort habe ich ja auch meinen Hund her und dort hat sie mir auch das Bild gezeigt.“

„Weißt du denn noch mehr über diese Frau?“

„Ja, das ist eine ganz nette.“

„Und hat sie dir noch mehr über deinen Hund erzählt?“

„Nein, hat sie nicht. Das brauchte sie auch nicht. Es reicht ja, dass der jetzt bei mir ist und du mir helfen wirst.“

„Kann es sein, dass die Frau dich verkohlt hat?“

„Nein. Das ist eine ganz nette. Die hilft den Hunden.“

„Wie viel hast du für den Hund denn gezahlt an sie?“

„Einige 100 €.“

„Und die hattest du dabei?“

„Nein, die habe ich mit der EC-Karte bezahlt.“

„Sie hatte also ein mobiles EC-Karten-Lesegerät dabei?“

„Ja.“

„Hat sie dir eine Spendenquittung gegeben?“

„Nein, wozu?“

„Damit das Geld auch bei der Tierschutzorganisation ankommt und sie es sich nicht in die eigene Tasche steckt.“

„Das macht die nicht, die ist ja so engagiert, sie hat mit doch erzählt, was die alles so macht.“

„Kennst du sie auch außerhalb der Autobahnraststätte?“

„Nein.“

„Und warst du mit deinem Hund schon beim Tierarzt?“

„Ja. Er ist ja noch nie geimpft worden. Und er hatte Würmer. Und er hat Leishmaniose.“

„Hat die Frau diesen kranken Hund also aus Rumänien hierhin gebracht?“

„Ja. Dort sind ja schließlich alle Hunde krank. Das ist dort doch normal. Das hat mir die Frau erzählt.“

„Dir hat also die Frau, die dir einen Hund auf einem Rastplatz an der Autobahn verkauft hat, erzählt, dass in Rumänien alle Hunde krank sind, und dieser Hund aus einer Station herausgeholt wurde, in der in Deutsch steht Tötungsstation?“

„Ja, das ist eine ganz liebe Frau. Und die kümmert sich so nett um die Hunde...“

EINE FRAU RIEF MICH AN

„Mein Hund frisst alles vom Boden”

„Manche Hunde tun das.”

„Ist das schlimm?”

„Nein, das kommt auf den Blickwinkel an. Wenn das für Sie und Ihre Umgebung kein Problem ist, warum sollten Sie dann etwas daran ändern?”

„Er tut das so gerne. Man sieht ihm regelrecht an, wie er gerne den Boden absucht.”

„Wenn das bei Ihnen kein Problem ist, dann ist da auch nichts Schlimmes daran zu finden.”

„Nein, bei uns auf dem Hof wird er nichts finden, was gefährlich ist. Und wenn wir mit ihm unterwegs sind, dann gehen wir nur Strecken, die keiner kennt und wo uns sonst keiner begegnet.”

„Dann ist die Wahrscheinlichkeit, dass Sie mit ihrem Hund auf Giftköder treffen ja nun auch durchaus als sehr gering zu bezeichnen."

„Giftköder werden Sie hier nicht finden, da wo wir lang gehen."

„Na, dann kann doch alles so bleiben wie es ist."

„Ja, ich frage nur, weil ich vorhin in einer Hundeschule war; und da hieß es, dass der Hund grundsätzlich nichts vom Boden nehmen darf. Und ich wollte ihm eigentlich diesen Spaß nicht nehmen. Aber dann brauche ich das ja nun auch nicht, wenn das nicht zwingend notwendig ist für den Hund."

„Nein, für den Hund ist das nicht zwingend notwendig."

JEMAND BERICHTET MIR AM TELEFON VON SEINEM HUND

„Nie wieder bekomme ich eine Hündin."

„Warum?" fragte ich.

„Die ist ja zweimal im Jahr läufig, und dann kann ich mit ihr nirgendwohin. Weder in den örtlichen Hundeauslauf, noch zur Hundeschule."

„Warum kann die Hündin, wenn sie läufig ist, nicht in die Hundeschule? Schließlich ist sie nur läufig und nicht ansteckend krank."

„Ja, aber, die anderen Rüden..." so stammelt mein Gegenüber vom Telefon.

„Wo ist das Problem? Doch nicht bei Ihrer Hündin! Wenn, dann haben doch die Halter der Rüden ein Problem. Aber doch nicht Sie mit Ihrer Hündin."

„Ach was, so habe ich das noch nie gesehen. Und bei Ihnen in der Hundeschule geht das? Rüden und Hündinnen zusammen? Auch wenn diese läufig sind?"

„Ja, schließlich sind sie doch nur läufig. Mehr nicht."

AM TELEFON

„Hallo, hier ist der Pfoten-Pfad."

„Hallo, ich habe einen Rhodesian Ridgeback."

„Das ist schön. Da sind sie hier nicht verkehrt."

„Der hat **2000** Euro gekostet.”

„Interessant.”

„Aber hören tut der nicht.”

„Nein?”

„Nein! Dabei hat der Papa sogar einen Weltpokal gewonnen.”

„Scheint aber nicht zu wirken.”

„Seine Großeltern stammen noch direkt aus Afrikas Wüsten.”

„Aber er versteht schon Deutsch, oder?”

„Ich denke schon.”

„Dann kann das ja nicht die Ursache sein.”

„Nein, das kann es nicht.”

„Und Sie möchten nun, dass Ihr teurer Ridgeback mit afrikanischer Abstammung auch mal macht, was Sie sagen?”

„Ja. Der soll ja mal decken und dazu muss der hören.“

„Sie möchten also quasi, dass er auf Kommando deckt?”

„Ja, genau, das müssen wir ihm beibringen.”

„Ich bin mir ziemlich sicher, dass wenn Sie ihm die läufige Hündin zu den richtigen Stehtagen vor die Nase halten, dass es dann keines Kommandos mehr bedarf. Der weiß dann schon, was sein Job ist.”

„Glauben Sie? Das wäre ja traumhaft.”

„Nein, eigentlich weiß ich das.”

ERLEBNISSE UNTERWEGS

DER GRABEN

Wenn es zielführend ist, dann gehe ich gerne auch mal eine längere Strecke bei uns durch die Nachbarschaft, an den Höfen mit Hunden vorbei. In der Regel machen bei uns die auswärtigen Teilnehmer ein Wochenseminar, das von Montag bis Freitag dauert. Und Freitag, nach der letzten Stunde wird oftmals die Rückreise angetreten. So war auch der Plan von Doris. Sie hatte einen kleinen schwarzen Hund und kam aus dem Südosten Deutschlands. Am letzten Tag des Wochenseminares, dem Freitag, kam sie mit ihrem bereits vollgepackten Auto zu uns. Die Ferienwohnung war übergeben und nach dem Unterricht sollte die Heimreise direkt angetreten werden. Einer ihrer Wünsche war, dass sie mit ihrem Hund entspannt spazieren gehen kann. Das Ziel hatten wir schon die Tage zuvor erreicht. Ich wollte ihr auf einem längeren Spaziergang bei uns die Straße entlang, vorbei an den Höfen mit all den Hofhunden und anderen Kleintieren zeigen, dass dies entspannte Gehen mit ihrem Hund von nun an überall und auch auf längere Zeit und Distanz möglich ist.

Und so marschierten wir los. Ich mit meiner Brenda und Wolke und Doris mit ihrem Hund. Wir gingen die Straße entlang. In der Nacht hatte es geregnet.

Auf den Straßen waren noch einige Pfützen und das Gras und der sonstige Bewuchs am Straßenrand waren nass. Es herrschte mäßiger Wind. Die Sonne kam nicht durch die Wolkendecke. Norddeutsch eben. Es war ein angenehmer Spaziergang. Wir erzählten ein wenig, während wir an einem Hof nach dem anderen vorbeigingen. Und auch an den Höfen, auf denen Hofhunde leben, die mit viel Gebelle bis an die Straße heran preschen, blieben sie und ihr Hund ruhig und souverän. Entspannt. So, wie sie sich das vorgestellt hatte.

Und dann kam uns auf einer längeren Geraden ein Auto entgegen. Kein Problem. Wir gingen etwas an die Seite, auf den Grünstreifen, um das Fahrzeug vorbei zu lassen. Dazu wollte sie ihren Hund festhalten, damit er nicht vor das Auto rennt. So sicher und vertrauensvoll war sie dann doch noch nicht mit ihrem Hund. Sie bückte sich herunter zu ihrem Hund und dabei rutschte sie auf dem nassen Gras des Seitenrandes weg. Sie rutschte weg, hinunter in den Graben voller Regenwasser. Bis zur Brust stand sie darin. Ich half ihr heraus. Das Wasser lief aus ihrer Hose und aus ihrer Jacke. Sie war nass. Bis auf die Haut. Und sie stank nach Modder von dem modrigen Boden in den Gräben bei uns. Wir gingen zurück zu unserer Hundeschule. Doris nahm es mit Humor. Ich konnte es selber kaum fassen. Das war das erste Mal in all den Jahrzehnten, dass mir ein Kunde in einen Graben rutschte. Und wir haben viele Gräben bei uns im Sietland. Nun war es gut, dass sie bereits ihre Ferienwohnung ausgeräumt hatte und die Koffer in ihrem Auto lagen. So konnte sie sich bei uns abtrocknen und die Kleidung tauschen und wir konnten den Unterricht fortsetzen.

AM DEICH

Ich war mit Brenda und Wolke am Deich unterwegs. Es war diesiges Wetter. Fast schon neblig, mäßiger Wind. Sehr weit konnte man nicht sehen, nur einige hundert Meter. Man sah kaum die Schiffe auf der Elbe fahren. Ich sah einen Mann, dessen Hund am Deich entlang lief. Er lief den Deich rauf und wieder runter bis zum Wasser. Man konnte ihm seine Lebensfreude regelrecht ansehen. Rennen! Er hopste und sprang mitten im Rennen. Endlich rennen! Der Mann rief seinen Hund in strengem, motzigem Ton: „Komm her. Komm sofort hierher. Emma, komm hier her. Komm her, wenn ich es dir sage. Dir werde ich's zeigen, du Miststück."

Er hatte eine Rute in der Hand, an der oben noch ein paar kleine Blätter hingen. Ich fragte mich, wo er die Rute her hatte. Jeder, der schon mal bei uns an der Nordseeküste den Deich entlang gegangen ist, der weiß, dass dort weder Bäume, noch Büsche oder Sträucher wachsen. Er musste die Rute mitgebracht haben. Ich ging zu ihm hin. Er trug eine Jeanshose und eine dunkle Filzjacke. Dazu trug er einen Hut, der ein wenig an einen Westernhut erinnerte. Ein Tourist offensichtlich. Sein Dialekt verriet ihn. Ich fragte ihn, wie alt sein Hund sei.

„14 Monate", bekam ich zur Antwort.

„Dann behandeln Sie sie nicht richtig."

„Was geht Sie das an?" fragte er mich leicht entrüstet. Und ich ahnte, warum er eine Rute bei sich trug, denn bei seiner Antwort hob er sie leicht an und schüttelte sie.

„Genau genommen sehr viel."

„Komm her, wenn ich es dir befehle. Komm her habe ich gesagt. Dir werde ich's zeigen."

„So behandelt man keinen Junghund."

„Verschwinden Sie. Sie kommt nicht zurück, weil Sie hier sind!"

„Wollen wir eine kleine Wette machen?"

Das war mehr eine rhetorische Frage. Ich wartete gar nicht erst eine Antwort ab. Ich hockte mich hin, und rief sie mit ruhigem Ton: „Komm her, Mädchen. Komm her, Emma." Und sie kam. „Sie zeigt uns, dass sie ein braves Mädchen ist. Sehen Sie, sie hat Angst vor Ihnen." Man sah regelrecht, wie Emma dem Mann auswich. Mit eingeknickten Beinen schlich sie um ihn herum, den Kopf dabei weggeduckt.

„Sie muss lernen, wer der Boss ist!"

„Natürlich, aber Gehorsam bringt man durch Güte bei."

„Da kann man geteilter Meinung sein. Sie braucht einen entsprechenden Schlag."

„Wenn Sie einen Duckmäuser wollen... wenn Sie aber einen folgsamen Hund wollen, dann müssen Sie streng sein, aber gütig und geduldig."

„Ist das so? Ich habe sehr viel zu tun. Ich habe keine Zeit für sowas. Ich habe sehr viel zu tun."

„Ich gebe Ihnen den Rat, sich die Zeit zu nehmen. Emma wird Ihnen viel besser folgen, wenn sie Sie auch respektiert."

„Die lehre ich Respekt, ich verprügle sie einmal." Dabei hob er wieder leicht schüttelnd die Rute.

„Damit bestimmt nicht." Ich zeigte ihm noch mal, wie der Hund zu mir kam. „Das Tier braucht nicht mehr als Ihre Zuneigung. Und es wird Ihnen gehorchen. Und mit strenger Konsequenz wird Emma Sie respektieren. Wenn der Hund einem nicht gehorcht, dann zeigt man ihm seine Missbilligung, aber nicht mit körperlichem Schmerz. Das Tier wird dadurch kein Kriecher, kein Duckmäuser, aber Emma weiß das Zeichen der Missbilligung zu würdigen." Der Mann rannte wieder hinter seinem Hund her, schreiend und seinen Stock in der Luft wedelnd: „Komm her du blödes Mistvieh, ich zeig's dir, du wirst sehen wenn ich dich erstmal habe."

Ich ging mit Brenda und Wolke weiter meinen Weg den Deich entlang…

BEUTE

Bei einem Besuch in Hamburg wollte ich gerade Wolke hochheben, damit sie über den Balkon sehen kann. Eine Frau mit Hund auf dem Gehweg, die gerade vorbeiging, meinte dann, dass ich das auf gar keinen Fall machen darf, weil ihr Hund dann denkt, Wolke sei seine Beute. So denken alle Hunde. Das hätten ihr auch alle Hundetrainer bisher gesagt. Deshalb ist ihr Hund auch so geworden und würde uns sofort anspringen, wenn wir nun auf dem Gehweg wären. Weil sie ihn damals oft hochgehoben haben und er dann auch mal gebissen wurde.

Ist ja auch eigentlich logisch. Im Wald werden die Hasen von den Rehen getragen. Und das riechen die Hunde. Und wenn die Hasen zu viel auf den Rehen reiten, dann werden sie zur Beute. Die Hasen sind also selber schuld, sie machen sich ja selber zur Beute, dadurch dass sie auf dem Rehen reiten. Gefährlich wird es natürlich dann auch für Menschen, die auf Pferden reiten. Gut, dass meine Frau Kutsche fährt.

EIN UNGEWÖHNLICHES TELEFONAT

Eines Tages klingelte unser Telefon. Es war früher Vormittag. Am anderen Ende eine Frau. Also soweit nichts Ungewöhnliches. In der Regel geht es dann gleich um den Hund. Mir wird dann der Hund beschrieben, Problematiken, Umstände, Vorgeschichten. Das war diesmal anders. Die Frau fragte mich nach einem Auto. Nach einem bestimmten Auto. Nämlich nach dem Auto, das wir vor einigen Monaten verkauft hatten. Ich gab ihr Auskunft dazu. Und am Ende sagte sie mir, dass sie ihr neues Auto wiedererkannt habe, und zwar in dem von mir geschriebenen Buch „Der Pfoten Pfad". Sie habe es wieder erkannt auf einem Bild, auf dem meine beiden Hunde im geöffneten Kofferraum liegen, an der Schutzkappe der Anhängerkupplung. Sie und ihr Mann haben sich erst gewundert und dann gelacht, was es doch für Zufälle geben würde. Und da haben sie beschlossen, uns anzurufen und mit mir zu sprechen. Ja, und dann sprachen wir noch ein wenig über ihren Hund. Sie hatte recht, Zufälle gibt es…

DAS IST BEI DER RASSE SO

Manche Hunde haben einfach Pech mit ihren Menschen. Dabei können sie nichts dafür, waren es doch die Menschen, die sie ausgesucht haben. Aber dennoch haben sie auch ein wenig Glück im Unglück, denn es hätte so manchen sicherlich weitaus schlechter treffen können. Zum Beispiel als Geburtsmaschine bei einem unseriösen Züchter oder als Laborhund. Zu dieser Kategorie Hunde zählte auch der Jack-Russel, den ich in Otterndorf kennenlernen durfte, inklusive seines Menschen, der mir ungefragt die Lebensgeschichten von sich und seinem Hund erzählte, während ich vor einem Geschäft wartete. Wolke saß neben mir. Und Begeisterung über den an einer Flexileine hüpfenden Jack Russel sieht bei ihr anders aus, war sie doch ohnehin schon etwas betrübt, wegen des feuchten Wetters. Nachdem der Witz des Mannes, Wolke sei zickig weil sie wohl ihre Tage hätte, bei mir nicht zog, versuchte er es mit seinem Hund als Gesprächsthema. „Meiner zieht immer an der Leine, aber das ist bei der Rasse so." bekam ich ungefragt zu hören. Als wenn „Leinenzug" eine Rasseeigenschaft wäre. „Da kann man nichts machen" So so, dann hast du ja eine perfekte Entschuldigung, dachte ich so bei mir, um von deinem eigenen Versagen abzulenken. „Wie sein Jagdtrieb", fuhr der Mann fort, während sich sein Hund überlegte, ob er wohl auf Wolke aufreiten könne. Nein, könne er nicht, teilte Wolke ihm unmissverständlich mit. Ich überlegte kurz, ob ich währenddessen dem Mann erklären solle, was ein Trieb sei und mich fragte, ob er dann wohl selber drauf kommen würde, dass es keinen Jagdtrieb geben könne. Ich beließ es aber beim Schweigen. Das kümmerte den Mann allerdings wenig und unbekümmert fuhr er fort: „Deswegen kann man den Hund auch nicht von der Leine lassen. Der ist sofort weg. Und das dauert ewig, bis er wieder kommt. Meistens nur mit Trick 17, Leberwurst, die mag er am liebsten." Mann, dachte ich, findet dein Hund dich so Scheiße, dass er von dir wegläuft und du ihn am Ende bestechen musst? „Aber das ist so", fuhr der Mann fort, „bei der Rasse steckt das in den Genen!" Ja, wenn das so ist, vielleicht hilft ja noch Nachhilfe in Genetik? Vermutlich aber Perlen vor die Säue geworfen, wie eine Redewendung so schön heißt. „Und wenn der eine Fährte hat, dann hält den nichts mehr, dann wird der zum Berserker!" Diese sieben kg Hund, der nicht müde wird, meine Wolke penetrant zu nerven mit dem Wunsch zu penetrieren? Zum Berserker? Ich sah ihn vor meinem geistigen Auge, blutverschmiert und behelmt eine Axt schwingen, alles tötend, was sich ihm in den Weg stellt. „Wir hatten sieben Hundetrainer. Fazit… unser bleibt an der Flexi." Na dann, dachte ich mir, armer Hund, es kann halt nicht jeder Glück haben. Ich ging mit Wolke wortlos weiter. Sie war jedenfalls glücklich. Zumindest für den Moment, denn sie war den kleinen Romeo los.

Wenn man immer nur das Gleiche macht, darf man sich nicht wundern, wenn immer nur das Gleiche rauskommt, sagte Einstein.

Das gilt ebenfalls für das Training mit Hunden.

ES KANN AUCH SO SCHÖN UND EINFACH SEIN...

Ich war einmal bei einer Familie in Ibbenbüren eingeladen, und in diesem Fall ist der Ort nicht verändert. Beide Ende 40, also mein Alter. Sie hatten zwei Hunde. Beide Hunde waren schon älter, um die 10 Jahre, Mischungen und beide gerettet von ich weiß nicht mehr woher. Irgendwo aus Südosteuropa. Die Einladung hatte nichts mit Hunden zu tun, sie war privater Natur. Wir kennen uns schon Jahrzehnte und haben uns nach ca. 15 Jahren wieder getroffen. Sie wussten zwar im Groben um meine berufliche Tätigkeit, aber das war nicht der Grund, warum ich dort war.

Wir saßen im Wintergarten, die Sonne schien, es war angenehm warm. Wir plauderten dort einige Stunden. Aßen gemütlich den frischen, selbstgebackenen Kuchen. Wir lachten zusammen, hörten einander zu, erzählten aus vergangenen Tagen, schwelgten in Erinnerungen. Es ging dabei, wenn überhaupt, eher nebensächlich um Hunde. Und dennoch waren es für mich drei faszinierende Stunden in Zusammenhang mit den beiden Hunden.

Das Paar hatte noch nie eine Hundeschule besucht oder professionelle Hilfe im Zusammenhang mit den Hunden in Anspruch genommen. Wirklich Hundeerfahrung besaßen sie nicht. Nur ihre Intuition und ihren Verstand. Das reichte. Denn wenn man sie sah, sie erleben durfte, wie ich sie dort erlebt habe, dann sah man die tiefe Verbundenheit, Vertrautheit, die zwischen allen Vieren herrschte. Es ist nicht übertrieben, wenn ich von gegenseitiger Liebe schreibe.

Es waren klare Verhältnisse. Die Hunde wussten genau, woran sie waren. In jeder Situation. Sie wussten, an welchen Stellen sie im Garten graben durften, und an welchen nicht. Sie wussten, wie sie sich bei den gemeinsamen Unternehmungen zu verhalten haben.

Dies wurde in einer einfachen Normalität gelebt. All das haben die beiden Menschen den beiden Hunden einfach nur über ihre Intuition, über ihr Bauchgefühl nahe gebracht und vorgelebt. Sie haben einfach ihren Verstand benutzt und den Hunden so das Leben erklärt. Dazu bedurfte es nicht irgendwelcher Konditionierungsformen oder sogenannter Dominanzrituale. Sondern einfach nur der Lebenserfahrung und des Verstandes.

Es war wunderbar mit anzusehen, wie die beiden Hunde auf ihre Menschen achteten, ohne sie zu kontrollieren. Es war egal, ob die Hunde aufs Sofa gingen oder auf einen Stuhl. Denn sie wussten genau, dass das nichts damit zu tun hat, ob die Hunde den Menschen vertrauen oder respektieren. Und mit Dominanz schon mal gar nicht. Die beiden Hunde wussten aber genau, dass, wenn Essen auf dem Tisch stand, sie dort nichts zu suchen hatten. Und darauf zu achten, wer zuerst durch eine Tür geht, war schon mal völlig egal in diesem Haushalt. Auch hier wussten sie gar nichts davon, dass es solche Dominanzregeln geben würde. Hätte ich ihnen davon erzählt, dass manche Menschen sowas erzählen, ich hätte vermutlich verständnisloses Grinsen geerntet, so wie ich die beiden kenne. Kommunikationssignale unter Hunden interessierten sie, wenn überhaupt, nur am Rande. Wofür auch? Für ein unbeschwertes, inniges Miteinander ist das nicht nötig. All die Zwänge, die die klassischen Hundeschulen ihren Kunden aufbürden, kannten die beiden nicht. Die Hunde haben einfach nur an ihrem Leben teilgenommen. Sie kamen mit auf Reisen, genauso mit ins Schlafzimmer und auch mit ins Bett. Und wenn man abends nach getaner Arbeit noch eben etwas vor dem Fernseher sitzt, dann waren auch hier die Hunde einfach nur dabei. Mit auf dem Sofa oder auf dem Schoß der Menschen. Gemeinsames Kuscheln nannten die beiden das. Sehr treffend und bezeichnend, wie ich finde.

Alle vier fühlten sich mit dieser einfachen und dennoch klaren Situation sichtlich wohl. Kein Schnickschnack, nichts Unnützes, einfach nur liebevoll und klar. Und wenn es drauf ankam, es erforderlich war, dann auch deutlich. Nachdem ich berufsbedingt ansonsten hauptsächlich Menschen treffe, die Probleme im Zusammenleben mit ihrem Hund haben, und deswegen ja auch zu mir kommen, war es für mich schön zu sehen, dass es auch eben solche Menschen gibt, die auf so wunderbar einfache Art und Weise eine liebevolle und harmonische Beziehung zu ihrem Hund pflegen.

...MAN KANN ES SICH AUCH EINFACH EINFACH MACHEN!

Was passiert, wenn Menschen den Hund nicht auf die Welt vorbereiten, sondern das Umfeld auf den Hund vorbereiten? Wenn sie ihn einfach mal laufen lassen, ihn einfach mal machen lassen. Ihm bestenfalls Tauschobjekte anbieten, wenn er mal wieder beginnt, am Elektrokabel zu knabbern oder etwas vom Boden zu fressen. Es niedlich finden, wenn der Dreikäsehoch den erwachsenen Hund vom Nachbarn ankläfft. Es entschuldigen, wenn der Hund beim Rufen mal wieder nicht kommt, weil man erst noch zum anderen Hund rennen muss oder dem Jogger hinterherlaufen oder den Maulwurfshügel noch markieren muss. Was passiert dann? Ein Köter, eine Töle, entsteht. Und das nennen die Menschen Liebe. Ich nenne das: Feigheit!

Die haben nämlich nicht den Hintern in der Hose und das Standing, dieser kleinen Fellnase die Welt zuzumuten und diesem kleinen Wesen zu erklären, wie man diese Welt bewältigt, sondern sie kontrollieren alles von außen, damit sie den Stress mit dem Hund nicht haben.

Wir hatten mal Besuch von Bekannten. Anschließend waren sie es nicht mehr. Die haben ihren süßen, kleinen Hund mitgebracht. So ein toller, wuscheliger, braun-weißer, so zwei, zweieinhalb Jahre. Die kamen, ließen ihren Hund laufen und kümmerten sich nicht mehr darum. Und ich dachte nur: wer passt auf den Hund auf? Der bewegt sich ja. Der läuft rum. Und der Effekt war, der Seelenhund knabberte an unseren Möbeln. Anschließend markierte er die Türzargen. Ich sagte: „Schau mal, da geht was an den Möbeln kaputt. Und der pisst die Türen an!" „Ja, aber das sind ja eure Möbel!" Die haben tatsächlich gemeint, wir müssen jetzt auf den kleinen Flohtransporter aufpassen, das sei ja schließlich unser Haus. Das ist irre, oder? Das kann doch nicht sein, dass ich mich und mein Umfeld beschützen muss, weil andere nicht bereit sind, ihrer Pflicht als Erziehungsberechtigte gegenüber ihrem Hund nachzugehen. Das Problem, welches viele Hundehalter im Moment erleben: ein riesiges Gefälle, zwischen den Hunden, die sich benehmen und denen, wo man meinte, lass sie laufen, sind die besten Freunde des Menschen. Zwischen denen, die respektvoll anderen begegnen, und denen, die drauf los stürmen, nach dem Motto: „Hoppla, hier komm ich, trete mal beiseite" oder „Guck mal, wie dreckig meine Pfoten sind, das kannst du jetzt auf deiner Kleidung sehen."

Liebe bedeutet nicht, einfach nur laufen lassen. Liebe drüber schütten und ein paar hübsche Kosenamen geben; Leckerlies verteilen und dann wird das was. Liebe bedeutet, jemanden dazu bewegen, sein Potential zu entwickeln. Wenn ich ihm alles abnehme, was schwierig ist, Konzentration, Disziplin und Warten, dann wird dieser Hund sich nicht entwickeln. Und die Argumentation ist immer: nicht so autoritär. Natürlich, Zwang ist auch keine Lösung. Ich will ja keinen Bonsai am Ende haben, sondern einen stark gewachsen Burschen. Und ja, der braucht Luft und der braucht Liebe, der braucht aber auch Beschnitt, erzieherisch. Er verlangt immer mehr soziale Kompetenz. Und das in einer immer schnelleren, zeitlichen Abfolge. Soziale Kompetenz kommt mit Selbstkontrolle und Selbstdisziplin. Mit der Übernahme von Verantwortung. Wenn ich nicht die Liebe und damit die Kraft aufbringe, jetzt etwas zu tun, damit morgen meine Schutzbefohlenen, ob Hunde, Kinder oder Mitarbeiter, in der Lage sind, dem zu begegnen, dann kann ich das nicht Liebe nennen. Das ist nicht Liebe. Liebe bereitet vor. Das ist Feigheit. Das ist Faulheit. Das ist Fiktion. Das ist Stagnation.

WENN HUNDE AUF DIE IDEE KOMMEN, SIE BRAUCHEN KEINEN MENSCHEN.

Manchmal erstaunt es mich, mit welch einer leichten Naivität Menschen an einen Hund, der nun mal auch ein Raubtier ist, herangehen. Was ein Raubtier ist, das haben wir alle mal im Biologieunterricht gelernt. Als Beispiel hierfür dient ein wuscheliger, braun-grauer Beaglerüde. Rocky, so sein Name. Er hat ungefähr ein beagletypisches Gewicht und war 15 Monate jung. Im Alter von 8 Monaten hatte er schon vier Hundehalter, die ihn wieder abgegeben hatten. Nun kam er also in den fünften Haushalt, zu Ines und Frank.

Und wenn ein junger Hund in dieser kurzen Zeit von wenigen Monaten von so vielen Hundehaltern weitergegeben wird, da sollte einem doch als fünfter Hundehalter im Vorfeld schon klar sein, dass der Umgang mit diesem Hund aus irgendeinem Grund nicht so einfach ist, wie man es gerne hätte. Dass es also bereits massive Vorfälle, in welcher Art auch immer, gegeben haben wird. Und dann wundern sich die neuen Hundehalter darüber, dass ihr Hund von Anfang an nicht so ist, wie sie es sich erträumt haben. Nein, er ist nicht dankbar, in dieses neue Zuhause gekommen zu sein. Warum sollte er auch dankbar sein? Er kam doch bislang gut durch sein Leben. Er machte einfach, was er wollte. Er brauchte dazu aus seiner Sicht keinen Menschen. Er kam gut klar. Er muss sich erst eingewöhnen, ankommen in seinem neuen Haushalt, er braucht Zeit. Ja, dazu bedarf es für ein so flexibles und anpassungsfähiges Wesen wie den Hund ein bis zwei Wochen.

Umso mehr überrascht waren Ines und Frank dann darüber, dass er sein Futter verteidigte. Und zwar auch in einem größeren Radius als einem halben Meter. Erstaunt waren sie darüber, dass der Hund sie dann attackierte, nur weil sie bei ihm in der Küche standen, während er fraß. Das endete darin, dass Frank eine handtellergroße, klaffende Wunde am Unterarm hatte, die mehrfach genäht wurde und zu einem Krankenschein führte.

Bei einem Hund, mit einer solchen Vorgeschichte, könnte man sich doch eigentlich auch vorstellen, dass er zusammen mit anderen Hunden nicht ganz so einfach ist. Diese Erfahrung bestätigte er auch recht schnell in den ersten Spaziergängen, als Rocky mehrfach versuchte, verschiedene Hunde entsprechend zu attackieren. Und wenn es ihm gelang, diese zu attackieren, dann setzte es gleich Bisse in Richtung Hals und Nacken der anderen Hunde.

Mit diesem Wissen setzte sich Ines aufs Fahrrad, den Hund an der Leine in der Hand. Und sie war überrascht, dass der Hund sie zum Stürzen brachte, als er einen anderen Hund sah, um diesen zu attackieren. Zwei Stürze und zwei blutige Nasen, sowie Schürfwunden im Gesicht, am Arm und Knie später, kam dann die

Einsicht, dass Fahrradfahren in der aktuellen Situation mit diesem Hund keine gute Idee ist.

Rocky war es auch gewohnt, Menschen anzuspringen. Dies wurde bei dem ersten Treffen von mir mit Ines, Frank und Rocky offensichtlich. Immer wenn der Hund in unsere Richtung angerannt kam, drehten sich Frank und Ines zur Seite weg und zogen ein Bein hoch. Eine typische Abwehrreaktion. Ich sprach die beiden drauf an. Mit einem leicht verlegenen Lächeln erzählte Frank mir, dass der Hund mehrmals mit gestreckten Beinen seine Genitalien getroffen hat. Die schmerzhaften Folgen inklusive. Und einmal hat er auch dort hinein gebissen. Zum Glück hatte Frank eine dicke Jeanshose an. Ines wurde in den ersten Wochen des Zusammenlebens mit Rocky ebenfalls mehrfach gebissen. Nicht so stark, als dass man es hätte nähen müssen, aber es ist wohl Blut geflossen, von den vielen blauen Flecken mal ganz abgesehen.

Was Rocky bei Ines und Frank zu Hause sehr gerne tat, das war das Zeigen, wem die Wohnung gehört. Wie er es tat? Na, genauso, wie ein Rüde sowas macht: durch Markieren. Er urinierte also alle Ecken der Möbel, Zargen und Türen an. Der Beschreibung nach waren bereits die ersten Türzargen aufgequollen. Das muss gestunken haben. Angenehmes, entspanntes, vertrauensvolles Zusammenleben sieht anders aus. Und für mich war der Punkt erreicht, an dem ich gerne in diese Gesprächsrunde mit diesen Hundehaltern die Träger der T-Shirts mit der Aufschrift: „Der Hund ist das einzige Lebewesen, dass dich mehr liebt als sich selbst." und ähnlichen Aufschriften dazu gebeten hätte. „Ein Hund ist ein Hund ist ein Hund." (Trumler)

Für mich war als erstes wichtig zu sehen, wie Rocky auf andere Hunde reagiert und wie er damit umgeht, wenn er Grenzen gezeigt bekommt. Dazu holte ich meine Brenda auf den Hundeplatz, auf dem wir uns befanden. Brenda ging in leichtem Trab auf Rocky zu. Als er Brenda entdeckte, rannte er sofort im gestreckten Galopp, mit hoch erhobener Rute und erhobenem Kopf auf Brenda zu. Seine Ohren flatterten dabei hoch und runter vom Rennen. Kaum bei ihr angekommen, versuchte Rocky sogleich, sich in Brendas Halsregion zu verbeißen. Er setzte also eine sofortige Attacke. Kein Abwarten oder Ankündigen seiner Handlungen. Aufgrund ihrer Erfahrung wich Brenda ihm blitzschnell aus, ließ ihn ins Leere laufen, die nächste Attacke von ihm erwartend. Diese kam sofort, nachdem Rocky sich umgedreht hatte. Sofort versuchte er wieder Brenda in die Halsregion zu beißen. Dadurch, dass er diesmal jedoch nicht so viel Anlauf hatte, schoss er durch das Ausweichmanöver von Brenda nicht so weit vorbei. Das nutzte Brenda sofort. Mit einem kurzen gestreckten Sprung, der seine Kraft nur aus den Hinterbeinen bezog, sprang sie ihm in den Bereich seitlich zwischen Wirbelsäule und Flanke. Sie hat nach all den Jahren die Erfahrung, dass dies ein sehr guter Punkt ist, einen Gegner zu Fall zu bringen, dass er auf die Seite fällt. So erging es auch dem jungen und vor allem unerfahrenen Raufbold. Er fiel auf die Seite, rollte durch den Schwung weiter über den Rücken auf die andere Seite und genau in dem Moment stand Brenda auch schon komplett über ihm, mit erhobener Rute und einer Kopfhaltung, der man die Erwartung einer weiteren Beißattacke ansah. Und ihre Erwartung wurde sogleich erfüllt. Auf dem Rücken liegend schnappte er etliche Male in Richtung des Halses, Bauches und Pfoten von Brenda, dabei sich windend wie ein Aal, um wieder auf die Beine zu kommen. Kaum gelang ihm dies, rannte er, so schnell er nur konnte, los. Weg von Brenda. Der von tagelangem Regen matschige Sandboden spritzte regelrecht hoch. Doch für einen ernsthaften Wettlauf über den matschigen Sandboden war der junge Rocky kein Gegner. So holte sie ihn mit wenigen gestreckten Galoppsprüngen ein, zog ihm mit ihrer rechten Vorderpfote im Laufen die Hinterbeine weg. Sie stellte ihm quasi ein Bein, wie man bei uns Menschen sagen würde. Rocky überschlug sich, rollte und kullerte, bis er seinen Körper wieder einigermaßen unter Kontrolle hatte, um dann gleich weiter zu rennen. Dabei panierte er sich regelrecht in dem feuchten, matschigen Sand. Brenda machte das Gleiche nochmals. Nach drei, vier gestreckten Galoppsprüngen hatte sie ihn wieder eingeholt, zog ihm diesmal mit der linken Pfote die Hinterläufe im Spurt weg und wieder überschlug und kugelte sich der Rüde. Eine weitere Chance gab sie ihm aber nicht. Sie stand in Bruchteilen einer Sekunde über ihm und diesmal ließ ihre Körpersprache und ihre Lautsprache keinen Zweifel daran, dass sie nicht gewillt war, ihn nochmals davonkommen zu lassen. Zappelnd lag Rocky unter Brenda, die ihn mit ihrem Fang am Hals festhielt. Der Rüde strampelte und quietschte und kreischte vor Wut. Vor Empörung. Vor Frust. Er war sauer! Stocksauer! Dass sowas mit ihm gemacht wurde. Mit ihm, dem aus seiner Sicht Mittelpunkt des Universums. Dann verhielt er sich für knapp eine Sekunde ganz still. Er gab nach. Brenda ließ sofort von ihm ab und der Rüde drehte sich schnell auf die Beine und ging los, „richtete seine Krone" und tat so, als wenn nichts gewesen wäre. Das Ganze spielte sich in insgesamt weniger als einer Minute ab. Aber von da an zeigte er Respekt gegenüber Brenda. Und jedes zu nahe Kommen von ihm ihr gegenüber wurde von ihm sofort respektiert.

Welchen Nutzen, bzw. welche Erkenntnis brachte mir das Ganze? Als erstes konnte ich darüber die Angriffsstrategie des Rüden sehen. Aus dem Rennen heraus unvermittelt und plötzlich. Er gibt also kaum Vorwarnzeit bis zu seiner Attacke, bis zu seinem Angriff. Ich weiß also nun, auf was ich achten muss, wenn er die Absicht hat, mich oder einen anderen Menschen oder Hund zu attackieren. Und es zeigt mir, dass er sehr wohl Respekt anderen gegenüber zeigen kann und bereit ist, Grenzen, die ihm andere setzten, auch akzeptieren zu können. Damit wurde mir klarer, wie der Weg aussehen würde, den wir gehen mussten, damit dieser junge Rüde ein soziales Mitglied unserer Gesellschaft werden würde.

Ich übergab den Fall an unsere Trainerin Lisa. Sie ging mit Ines, Frank und Rocky den Pfoten-Pfad. Ich hatte sie instruiert, ihr die wesentlichen Punkte mitgeteilt, und so traf sie sich mit den beiden Haltern des Beagle zur ersten Einzelstunde. Es war klar, dass hier gewisse Fronten geklärt werden mussten. Und es war klar, dass auch gegenseitiger Respekt und gegenseitige Achtung hergestellt werden musste. Und der Hund musste von seinen Menschen das Bild in seinem Kopf bekommen, dass sie durchaus in der Lage sind, sich durchzusetzen und ihn sicher durchs Leben zu führen. Wie kann man am einfachsten die Grundlage für all diese Dinge legen? Durch einen kleinen Konflikt.

Wir fangen oft unsere praktischen Stunden mit dem Kommando Sitz an. Da haben wir dann eine Referenz, zum einen wie der Hund so ist, von seinen Charaktereigenschaften, Einstellungen, seinen Sichtweisen, und wie der Mensch ist, sowohl von seinen Charaktereigenschaften, seiner mentalen Stärke und bislang verborgenen Glaubenssätzen und Überzeugungen, als auch von dem, was er bisher gemacht hat. Da geht es dann z.B. um Sichtzeichen. Im Zusammenhang mit Sichtzeichen sagen mir die Menschen hin und wieder, dass mit Sichtzeichen das Kommando Sitz besser klappt, als ohne Sichtzeichen. Wenn ich mir das dann vorführen lasse, kommen wir immer zu dem Punkt, dass der Mensch als Sichtzeichen den erhobenen Zeigefinger hat. Was bedeutet in der menschlichen Kommunikation der erhobene Zeigefinger? Genau, es sagt körpersprachlich aus: Mach das! Oder: Tue das! Und dadurch, dass der Mensch genau diesen körperlichen Ausdruck hat, verändert sich seine Stimme. Seine mentale Stärke. Und dadurch setzt sich der Hund mit dem Sichtzeichen besser hin.

Du, lieber Leser, kannst es selber ausprobieren. Fange nun einfach an zu lächeln. Ganz einfach, ziehe deine Mundwinkel nach oben und lächele. Sofort bekommst du ein anderes Körpergefühl, nicht wahr? Und das gleiche passiert mit dir, wenn du jemanden anschaust, und den Zeigefinger erhebst. Wärst du genauso klar und deutlich in deiner Aussprache, deinem Denken und ohne das Sichtzeichen, würde der Hund sich genauso gut hinsetzen. Nicht, dass ich pauschal gegen Sichtzeichen wäre, aber eben dort, wo sie angebracht sind. Und solange dein Hund nicht deiner wunderbaren und einzigartigen Stimme folgt, fokussiere dich darauf, dass er dir folgt. Wenn das klappt, dann kannst du über die Einführung von Sichtzeichen nachdenken.

Aber wieder zurück zu unserem Fall. Über das Kommando Sitz erreichte Lisa, dass Rocky begann, Ines und Frank ernst zu nehmen, sie zu respektieren. Nur dadurch, dass sie begannen, sich durchzusetzen. Ein wunderbares Beispiel dafür, dass jede Veränderung am Menschen sofort zu einer Veränderung am Hund führt. Nebenbei baute Lisa das Vertrauen zwischen Mensch und Hund durch einige eingebaute Vertrauensabfragen wieder auf. Dazu arrangierte sie einige einfache Übungen, in denen Rockys kognitiven Fähigkeiten schnell klar werden konnte, dass seine Menschen eine Situation richtig einschätzen können. Die Grundlage von Vertrauen.

In der dritten Stunde begann Lisa die Leinenführigkeit herzustellen. Das war schnell gemacht, hatten die Menschen doch nun den Respekt ihres Hundes. Denn was soll der Hund in einem solchem Moment an der Leine tun? Nur geradeaus laufen. Das muss man ihm nicht beibringen, das kann er. Er tat es bislang ja nur nicht, zum Leidwesen seiner Menschen, weil Rocky ein Bild von seinen Menschen in sich trug, auf dem zu sehen war, dass er Menschen nicht zu respektieren braucht, man sie herumschubsen und disziplinieren kann. Dieses Bild haben die Menschen mit Lisas Hilfe in den ersten beiden Stunden verändert. Dadurch bedingt war dann auch die Leinenführigkeit kein Problem mehr.

In der vierten Einzelstunde ging es dann in die Begegnung mit anderen Hunden. Erst mal wurde zu Beginn geschaut, wo die drei denn nun stehen. Hier und da hakte es noch an der einen oder anderen Stelle. Das ist aber auch nicht verwunderlich, sind doch die Veränderungen auch für den Menschen neu und diese müssen sich ebenso dran gewöhnen. Nicht nur der Hund. Lisa arbeitete an einigen Stellschrauben. Und schon ging es wieder, das vernünftige Gehen an der Leine. Dann wurden nach und nach die ersten Ablenkungen eingebaut und auch die ersten Hunde. Bis schließlich am Ende mehrere Hunde mit dem Rüden zusammen unsere Auffahrt hoch und runter liefen. Das war nun also auch geklärt.

Und nun ging es in der nächsten Stunde daran, dem Rüden zu erklären, dass man nicht alles und jeden attackieren darf, dass man seine Zähne gegenüber Menschen nicht einsetzen sollte. Zu Beginn dieser fünften Stunde berichteten Ines und Frank begeistert davon, wie sehr sich in dieser kurzen Zeit das Zusammenleben zu Hause schon verändert habe. Keine Überraschung, denn jede Veränderung am Menschen führt immer zu einer Veränderung am Hund. Spaziergänge außerhalb wären mittlerweile praktisch problemlos und entspannt. Nur in der häuslichen Umgebung, auf den üblichen Gassirunden, da wäre es noch anders. Dort würde er auch noch weiterhin andere Hunde attackieren wollen. In der Wohnung wäre alles viel viel ruhiger geworden und sie wären erstaunt, wie sehr er mittlerweile verschmust sei. Er könne sich mittlerweile richtig den beiden auch mal hingeben und entspanntes Kraulen einfach nur genießen. Auch würde er ihnen nicht mehr den ganzen Tag in der Wohnung hinterher laufen.

Nun aber in der fünften Stunde wollte Lisa noch das Tabu setzen. Das hatte Lisa über Futter gesetzt. Der Rüde durfte das Futter nicht nehmen, das Lisa ihm anbot. Und dieses Verbot hatte er zu akzeptieren. Wenn man den Respekt, das Vertrauen und die Achtung seines Hundes hat, dann akzeptiert er dieses Verbot sehr schnell. Das kennt eigentlich jeder von uns. Als wir Kinder waren, da hatte ein Verbot von z.B. unseren Eltern viel mehr Gewicht, als z.B. das Verbot eines Nachbarn. Unseren Eltern haben wir Respekt und Vertrauen entgegengebracht, dem Nachbarn aber nur sehr wenig. Deswegen interessierte uns dessen Verbot auch erheblich weniger, als wir Kinder waren. Nach ungefähr einer dreiviertel Stunde hatte der Rüde das Verbot akzeptiert. Er nahm nun kein Futter mehr aus der Hand von fremden Menschen, er nahm nichts, wenn man es ihm zuwarf, er nahm nichts vom Boden, er nahm nichts vom Boden wenn er lief, er nahm nichts vom Boden, wenn er alleine war, er nahm auch nichts, wenn er alleine im Auto saß. Er nahm nichts mehr, der Rüde, dem Futter so wichtig war. Das staubsaugerhafte Verhalten, das noch vor wenigen Tagen vorherrschte, war von nun an vorbei.

Ich weiß, dass viele Leser nun gerne wissen würden, ob das nun nur bei uns in der Hundeschule gilt, oder wie lange ein solches Verbot beim Hund wirken würde. Die Fragen sind ganz einfach zu beantworten. Wie lange ein solches Verbot vom Hund akzeptiert wird, hängt vom Menschen ab. Solange der Hund seinen Menschen respektiert, ihm vertraut und seine Kommandos achtet, wird das genauso sein. Hat aber der Hund das Gefühl oder die Idee im Kopf, dass seine Menschen doch nicht in der Lage sind, ihn sicher durchs Leben zu führen, dann wird er auch diese Verbote nicht mehr respektieren. Dann wird er alle die Verbote und die Verhaltensweisen, die in der Hausordnung festgelegt sind, nicht respektieren. Oder zumindest in Frage stellen. Und wie macht er das? Indem er hingeht und diese Verbote überschreitet. Und er macht es nicht nur in der Hundeschule. Er macht es überall. Das ortsbezogene Lernen gibt es in dem Sinne nicht. Das weißt du auch selbst. Du selbst warst mal in der Schule und hast schreiben gelernt. Du konntest es zuerst in der Schule. Und dann bist du nach Hause gegangen und konntest es auch dort. Und dann hast du gemerkt, du konntest es überall. Du konntest überall schreiben. Und mit dem Rechnen war es genauso. Du hast es erst in der Schule gelernt, und dann konntest du es überall. Das, was du gelernt hast, kannst du überall. Dein Hund auch. Diese Geschichte, dass der Hund das nur in der Hundeschule macht und kann, ist ein Märchen. Solange er sein Gehirn dabei hat, kann er es überall. Und so kann er auch überall ein Tabu akzeptieren und einhalten. In diesem Zusammenhang dreht es sich nicht mehr darum, ob wir dem Hund etwas beibringen müssen, sondern es dreht sich schlicht und ergreifend nur noch darum, ob der Hund meine Anweisungen respektiert und akzeptiert. Dadurch würde es uns auch genau an diesem Punkt überhaupt nicht helfen, wenn wir jetzt anfangen würden, zu trainieren und zu üben. Das Laufen an der Leine zu trainieren. Brauchen wir nicht. Er kann es doch. Oder die Begegnung mit anderen Hunden. Auch das brauchen wir nicht zu üben. Er soll nur geradeaus gehen. Und diese Anweisung soll er respektieren. Und das gleiche gilt für das Futter. In der Hausordnung steht, dass er das nicht nehmen darf. Das hat er nun verstanden und nun geht es nur noch darum, ob er es akzeptiert oder nicht.

Zu Beginn der sechsten Stunde fragte Lisa die beiden, wie sich denn aktuell das Zusammenleben mit dem Rüden gestaltet. Weiter entfernt von zu Hause sind Hundebegegnungen kein Problem mehr. Aber nach wie vor im Umkreis des eigenen Hauses. Auf den Wegen, die so typisch gegangen werden. Die Gassirunden. Aber insgesamt hat sich das Zusammenleben mit dem Rüden weiterhin verbessert. Und sie könnten jetzt völlig problemlos in der Küche daneben stehen, wenn Rocky frisst. Kein Knurren mehr, keine Attacke mehr, kein Beißen mehr. Alles weg. Entspanntes Fressen. Aber mehr als einen halben Meter haben sie sich noch nicht an den Napf in der Küche heran getraut. Das wollten sie nun in den nächsten Tagen aber tun. Lisa wies sie noch mal darauf hin, dass sie nicht auf die Idee kommen sollten, ihm das Futter einfach weg zu nehmen, ohne dass es dafür einen plausiblen Grund gibt. So etwas macht man nicht. Man muss seinem Hund zweifellos auch etwas wegnehmen können. Man muss ihm auch zweifellos Futter aus dem Maul nehmen können. Aber eben nur dann, wenn es notwendig ist. Auch das hat etwas mit Vertrauen und mit Respekt zu tun. Mit gegenseitigem Vertrauen und gegenseitigem Respekt. Seinem Hund etwas aus dem Maul nehmen zu können, hat schließlich nichts mit Dominanz oder sowas zu tun. Das braucht man auch nicht zu üben. Seinem Hund etwas aus dem Maul nehmen zu können, hat etwas mit Sicherheit zu tun. Mit Gesundheit und Überleben. Aber nichts mit Dominanz.

Lisa fragte noch mal alles ab, um zu sehen, wo sie denn nun stehen würden. Dazu ließ sie Ines und Frank unsere Auffahrt entlang gehen. Es kamen ihnen Hunde entgegen, es lag Futter auf dem Boden der Auffahrt. Und dergleichen mehr. Alles kein Problem. Und dann konnte sie den nächsten Schritt gehen. Sie ließ Rocky in der Mitte der Auffahrt sitzen. Vor sich Futter liegend. Das akzeptierte er. Er ging nicht zu dem Futter, obwohl er es hätte tun können, denn Ines und Frank waren 20 bis 30 m weit weg. Er hätte nur aufzustehen brauchen und zwei Schritte nach vorne gehen müssen um zu fressen. Doch er blieb sitzen. Er respektierte die Anweisung seiner Menschen. Dann hatte Lisa das noch gesteigert und Rocky von Ines und Frank abrufen lassen. Er ging an dem Futter vorbei direkt zu seinen Menschen. Dann ließ sie ihn wieder auf der Auffahrt absitzen und ließ andere, fremde Hunde an ihm vorbei laufen. Er blieb sitzen. Keine Attacke. Kein Knurren. Kein Bellen. Gar nichts.

Das Gleiche hatte sie dann für das Auto implementiert. Hier war es nun ebenso, dass Rocky bei geöffnetem Auto in dem Auto blieb, egal was um ihn herum passierte. Ines und Frank waren 100 Meter weit weg, aber ihr Rüde blieb im Auto. Da konnten andere Menschen vorbeigehen, ihm Futter anbieten, andere Hunde vorbeigehen, Menschen ihn herauslocken, kein Problem. Rocky blieb im Auto.

Zu Beginn der siebten Stunde fragte Lisa wieder, wie es denn nun zu Hause so aussehen würde. Im Haus wäre alles wunderbar. Doch außerhalb des Hauses, auf den typischen Gassirunden, war es nach wie vor sehr problematisch. Rocky würde nach wie vor dort Hunde attackieren und alles fressen, was er auf dem Boden findet. Aber weiter weg von zu Hause, da wäre alles wunderbar. Da sind andere Hunde kein Problem, Futter, und Pferdeäpfel, alles kein Problem. Nur eben in dem Bereich um ihr Haus herum. Der Bereich außerhalb des Hauses in einem Umkreis von 1 km. Da wäre nach wie vor alles noch so wie früher. Ein solches Verhalten muss eine Ursache haben. Also galt es, diese Ursache zu finden und auf den Grund zu gehen.

Sie redete mit ihnen nochmals über den Tagesablauf. Sprach die Kommandos an. Suchte nach möglichen Ursachen. Es waren keine zu finden. So schickte sie die beiden mit Rocky in immer wieder neue Situationen, während des Unterrichts. Lisa wollte sehen, ob es dort irgendwelche Verhaltensmuster oder Gedankenmuster gab, die die Ursache dafür legten, dass um ihr Haus herum es noch nicht so funktioniert, wie es eigentlich hätte sein können. Denn Rocky konnte ja alles, nur, warum tat er es nicht? Warum rutschte er immer wieder in diesen Bereichen in seine alten, ritualisierten Verhaltensmuster? Es war nichts zu finden. Weder im körperlichen Ausdruck, noch in der Körpersprache, noch in den Gedankenmustern, noch im Verhalten von Ines und Frank. Es war nichts zu finden. Deswegen entschloss Lisa sich, in der achten Stunde zu den dreien nach Hause zu fahren.

Dort vor Ort wollte sie sehen, was denn dort noch schief laufen könnte. Womöglich lag die Ursache genau in diesem Umkreis um ihr Haus herum. Und das wollte Lisa herausfinden. Sie traf sich also mit Ines, Frank und Rocky in deren Zuhause. Von dort aus gingen sie dann los. Mit Rocky. Schon nach wenigen Metern fing Rocky an, an der Leine zu ziehen, ein Verhalten, das er in der Hundeschule und auch ansonsten eigentlich nicht mehr an den Tag legte. Und nun konnte Lisa die Reaktion von Ines sehen. Ines schaute auf ihren Hund herunter, schaute dann zu Lisa, als wenn sie sagen wollte, siehst du, habe ich dir doch gesagt, Rocky zieht hier. Kaum ein paar Meter weiter gegangen, so, als wenn es abgesprochen wäre, kam ein anderer Hund um die Ecke. Rocky sprang sofort auf den anderen Hund an. Er sprang in die Leine, stand auf den Hinterbeinen, kläffte was das Zeug hielt, fletschte die Zähne und knurrte. Und Lisa konnte sehen, dass Ines wieder in ihre alten Verhaltensmuster und Gedankenmuster zurückgefallen war. Die Verhaltensmuster und Gedankenmuster, aus denen Lisa Ines zu Beginn der ersten Stunde herausgeholt hatte. Und damit war dann auch die Ursache klar. Ines hatte zu sehr in ihrem Kopf, dass auf diesen typischen Strecken Rocky an der Leine ziehen und andere Hunde attackieren würde. Ines erwartete es regelrecht. Das gleiche galt für die Aufnahme von Fressbarem vom Boden. Lisas Aufgabe war es nun, diese Ursache zu beheben, Ines also auch an diesen Orten neue Bilder und neue Vorstellungen zu vermitteln.

In diesem Fall entpuppte sich das aber als schwieriger, als es gewöhnlich der Fall ist. Ines hielt aus irgendeinem Grund an dem Gedanken fest, Rocky würde sich hier so verhalten. Sie hielt fest an der Vorstellung, dass Rocky in diesem Bereich, um das Haus herum, sich eben genauso verhalten würde. An der Leine ziehend, andere Hunde attackierend, Fahrradfahrer anpöbelnd. Was kann man in einem solchen Fall tun? Lisa hielt sich nicht lange damit auf, die Ursache zu suchen. Es hätte sehr wahrscheinlich nur viel Zeit gekostet und hätte auch an der jetzt vorhandenen Situation, wenn überhaupt, nur wenig geändert. Sie begab sich sofort daran, die Situation zu ändern. Sie fing sofort damit an, Ines neue Bilder und damit auch neue Vorstellungen im Zusammenleben mit ihrem Rocky zu geben.

Es fing damit an, dass sie Rocky nahm, um mit ihm um das Haus herum zu gehen, gefolgt von Ines. So konnte Ines sehen, dass auch hier Rocky an diesen Stellen, von denen sie selbst überzeugt war, dass ihr Rocky sich dort nicht benehmen könnte, er sich doch benehmen kann. Rocky ging zusammen mit Lisa vernünftig an der Leine. Kein Ziehen. Kein Zerren. So gingen sie eine Weile den Bürgersteig an der Straße entlang. Durch die Siedlung, an den Häusern vorbei. Nach einiger Zeit, Lisa bekam schon das Gefühl, als wenn sich alle Hunde der Umgebung abgesprochen haben, genau jetzt nicht zu laufen, kam ihr doch noch ein Hund entgegen. Weil Rocky es gewohnt war, an diesen Orten den Macho und den Superhelden heraus hängen zu lassen, zeigte er auch diesmal genau das Verhalten. Er schmiss sich in die Leine, bellte ärgerlich, und stand zugleich auf den Hinterbeinen. Lisa sagte ihm in einem ruhigen, aber bestimmten Ton, dass er das lassen soll. Und Rocky ließ das Verhalten nach.

Nun waren die ersten neuen Bilder für Ines geschaffen. Sie hatte nun gesehen, dass es geht. Sie hatte nun gesehen, dass sich ihr Rocky auch vernünftig in der Öffentlichkeit um das Haus herum benehmen konnte. Das konnte nun auch Ines sehen. Und das gab ihr Mut. Ines übernahm wieder die Leine von Rocky. Und Lisa ging mit ihnen über den Bürgersteig durch die Siedlung entlang der typischen Wege, die Ines und Frank mit Rocky so jeden Tag gehen. Sie gingen die Bürgersteige entlang und der Zufall wollte es, dass ihnen der Hund von vorhin nochmals entgegenkam. Rocky, an dieser Stelle gewohnt, den Randalebruder heraus hängen zu lassen, fing sofort an, seinem Ruf gerecht zu werden. Ines, die ja nun den Rocky führte, gab ihm in ruhigem und bestimmtem Ton zu verstehen, dass er sich ruhig verhalten sollte. Ines schaute zwar zu ihm, aber mit einem Blick, der ihm eindeutig sagte, dass er sie so hier und jetzt nicht ernst nehmen konnte. Lisa half Ines. Sie gab ihr die Kraft, mit Nachdruck Rocky verständlich zu machen, dass es keinen Grund gibt, sich aufzuregen, sondern nur Gründe gibt, sich ruhig und entspannt zu benehmen. Man konnte Rocky regelrecht ansehen, dass er nun erst einmal verdutzt war. So nach dem Motto, ach, das gilt jetzt auch hier? Ja, das gilt jetzt auch hier, gab Ines Rocky noch mal zu verstehen.

In der Zwischenzeit hatte Frank versucht, so viele Hundehalter aus der Umgebung wie möglich zu mobilisieren, damit sie Lisa und Ines entgegenkommen. Und man merkte nach und nach, dass sich die Bemühungen von Frank gelohnt haben. Denn auf einmal kamen von allen Seiten Hunde aus der Nachbarschaft heran. Ines und Rocky mit Lisa an ihrer Seite gingen ihnen allen entgegen. Sie haben nicht vermieden, sind nicht an die Seite gegangen, haben nicht die Straßenseite gewechselt, oder sich in irgendwelche kleinen Auffahrten gerettet. Ines, mit erhobenem Kopf, aufrecht gehend, ging all diesen Hunden entgegen. Hier und da war es zwar noch mal so, dass es vereinzelte kleine Reaktion von Rocky gab, wie z.B. ein kurzes Ziehen an der Leine und ein leises Grummeln. Aber mehr nicht. Ines wurde mit jeder Begegnung sicherer. Mit jeder Begegnung bekam sie neue Erfahrungen und damit Referenzen für das Verhalten ihres Rocky in Form von neuen Bildern und Erlebnissen in ihrem Kopf. Und so wurde sie von Begegnung zu Begegnung immer entspannter. Und von Begegnung zu Begegnung wurde sie immer gelassener. Und von Begegnung zu Begegnung begann Rocky auch an diesen Orten mehr und mehr zu entspannen und zu ihr hoch zu schauen. Voller Stolz. Auf Ines. Diesen tollen Menschen, der ihn so sicher und entspannt durchs Leben geleitet.

Nach knapp zwei Wochen fuhr Lisa wieder zu den dreien. Sie wollte schauen, wie nachhaltig ihre letzte Stunde mit ihnen gewesen ist. Ines, Frank und Rocky erwarteten Lisa schon vor der Tür. Sie gingen gleich los, die typischen Wege entlang rund um das Haus herum. Rocky benahm sich ruhig und ausgeglichen. Ihnen kam ein anderer Hund entgegen. Doch das interessierte Rocky nicht mehr. Er schaute zwar noch zu dem anderen Hund, doch war das auch schon alles. Die vier gingen weiter. Es überholte sie auch noch ein Fahrradfahrer, doch Rocky blieb ruhig und gelassen an der Leine, die Ines in ihren Händen hielt. Sie kamen wieder zurück zu dem Haus von Ines und Frank. Dort nahm Lisa ihre beiden Hunde mit, die bislang dort im Auto warteten und alle 6 gingen wieder los. Während sie weiter durch die Siedlung gingen, berichteten Ines und Frank Lisa, wie positiv ihr Rocky in den letzten Tagen den anderen Bewohnern der Siedlung aufgefallen sei. Manche fragten schon scherzhaft, ob sie ihren Rocky durchgetauscht hätten. Er wäre jetzt so ruhig. Andere wiederum fragen, ob sie ihm Beruhigungsmittel gegeben hätten. Doch diese Frage konnten Ines und Frank mit ruhigem Gewissen verneinen. Es waren keine Beruhigungsmittel, sondern es waren die kleinen und großen Veränderungen in ihrem Leben.

Sie kamen an den verschiedenen Häusern der Siedlung vorbei, gingen an den Vorgärten vorbei, trafen nochmals einen Hund, grüßten alle freundlich den anderen Hundehalter, und erreichten eine große Freifläche. Dort überraschten

Ines und Frank Lisa, denn sie leinten ihren Rocky ab. Sie ließen ihn tatsächlich frei laufen. Etwas, was sie bis dahin noch nie getan hatten. So dachte zumindest Lisa. Tatsächlich haben sie sich schon vor einigen Tagen getraut und angefangen, an Stellen, an denen sie sich sicher waren, ihren Rocky von der Leine zu lassen. Und es klappte gut. Ihr Rocky kam auf Zuruf wieder. Sie konnten ihn kontrollieren, auch ohne Leine. Und durch diese Kontrolle fanden sie alle mehr Freiheit, Freude und mehr Lebensqualität. Und diese gemeinsame Freiheit konnten sie nun nach und nach mehr und mehr ausbauen. Durch gegenseitigen Respekt und vor allem durch gegenseitiges Zutrauen und Vertrauen.

Und solltest du nun, weil es dir und deinem Hund ähnlich geht, wie Ines, Frank und Rocky, versuchen, die hier beschriebenen Vorgänge zu kopieren, dann bedenke dabei, dass du ein anderer Mensch bist, mit einem anderen Hund und vermutlich anderen Zielsetzungen und es dadurch erforderlich ist, bei dir andere Stellschrauben zu stellen und andere Maßnahmen zu ergreifen.

DREI MENSCHEN MIT HUND, DIE GLEICHEN SYMPTOME, DREI VERSCHIEDENE URSACHEN

Eines Tages fuhr Tanja bei uns auf den Hof, damit wir sie und ihren Hund kennenlernen durften. Schon auf dem langen Weg unsere Auffahrt entlang wurde klar, was zumindest einer der Gründe war, warum sie zu uns kam. Ihr Hund heulte, jaulte und kläffte unentwegt. Man konnte es hören durch die geschlossenen Türen und Fenster des fahrenden Fahrzeuges. An der Tonlage konnte man hören, dass es sich um einen kleineren Hund handeln musste. Erst als sie eingeparkt hatte, hörte das Jaulen, das Kläffen, das Bellen auf. Tanja stieg aus ihrem kleinen schwarzen Auto. Die hinteren Scheiben waren abgetönt, sodass man nur schlecht bei den vorherrschenden Lichtverhältnissen hinein sehen konnte. Wir begrüßten uns. „Ja", sagte sie zu mir, „du hörst schon, warum ich hier bin." „Ja", antwortete ich „das hört man offensichtlich." Und ihr zweiter Satz war folgender: „Eckard, du bist meine letzte Hoffnung. Ich habe jetzt schon vier Hundeschulen hinter mir. Keine konnte mir helfen. Ich wollte den Hund so gerne überall mit hinnehmen. Aber das geht so nicht. Bei dem Lärm im Auto wirst du wahnsinnig. Ich bin jetzt über eine Stunde zu dir gefahren. Mir dröhnen jetzt die Ohren, das kannst du dir nicht vorstellen. Ich habe schon Stopfen in den Ohren. Aber auch die helfen nur die ersten 15 bis 20 Minuten."

Eines Tages fuhr Sabrina mit ihrer Shelly, einem Hütehundmix, mit langem, wuscheligem Fell, braun-schwarz in der Färbung, bei uns auf den Hof. Ich wusste bereits, dass es sich um ein Lautstärkeproblem in Zusammenhang mit ihrem Hund handelt. Am Telefon hat Sabrina Andrea bereits erzählt, dass ihre Shelly nur sehr ungern Auto fahren würde. Nach wenigen Minuten Fahrt würde Shelly immer unruhiger und unruhiger. Sie würde anfangen zu zittern und zu fiepen. Dieses Fiepen würde sich von Kilometer zu Kilometer weiter steigern. bis es schlussendlich in einem Jaulen endet. Und dieses Jaulen verstärkt sich von Kilometer zu Kilometer in der Lautstärke mehr und mehr. Als Sabrina bei uns ankam, konnte ich ihre Shelly schon im Auto hören, bevor Sabrina überhaupt eingeparkt und den Motor abgestellt hatte. Es war frühlingshaftes Wetter, die Temperaturen lagen um die 15 Grad und wir freuten uns alle über die ersten schönen, wärmenden Sonnenstrahlen des Jahres. Man konnte das frische sprießende grün an den Bäumen und Wiesen riechen. Sabrina und ich begrüßten uns. Sie war farbenfroh gekleidet und trug eine Weste. Eine Weste, wie sie nur Hundehalter tragen. Mit vielen Fächern, Taschen und auf dem Rücken eine Schlaufe, damit man das Zergel unterbringen kann. Dann konnte ich bereits sehen, was sie mir kurz darauf im Gespräch bestätigte, dass sie schon in einigen anderen Hundeschulen war. Sie war dort auch sehr zufrieden und glücklich, hatte viel erreicht. Doch leider war niemand in der Lage, ihr in Zusammenhang mit der Geräuschkulisse ihrer Shelly im Auto weiterzuhelfen. Deswegen hatte sie die weite Fahrt aus dem Sauerland hierher auf sich genommen. Sie hoffte, dass wir die Ursache finden würden.

Eines Tages fuhr Horst mit seinem Max bei uns auf den Hof. Er hatte mit Andrea telefonisch einen Termin zu einem Vorgespräch vereinbart, ein Gespräch zum gemeinsamen Kennenlernen, bei dem ich, wenn es gewünscht ist, bereits Wege aufzeige, und auf Ursachenforschung gehe. Ich konnte Max in dem Auto hören, als sie bereits unsere lange Auffahrt entlang fuhren. Und Max hörte mit seinem Jaulen und dem zwischenzeitlichen Bellen erst dann auf, als Horst den Motor seines Fahrzeuges, einen auf Langstrecken ausgelegten Kombi, abgestellt hatte. Max war ein großer, beigefarbener Labrador. Eine imposante Erscheinung. Er war ein sehr großer Vertreter seiner Rasse. Mit einem sonnigen und geduldigen Gemüt ausgestattet, wie ich sehr schnell feststellen konnte. Horst begrüßte mich mit den Worten, dass ich ja schon gehört hätte, weswegen er bei mir sei. Dies konnte ich natürlich bestätigen, denn es war nicht zu überhören. Ein Hund, mit so einem großen Körper, der bietet natürlich auch eine entsprechende Resonanz für Lautstärke. Und die dröhnt auch bei laufendem Motor aus dem Auto heraus. Wie ich seinem Auftreten, seiner Kleidung und seiner Wortwahl entnehmen konnte, war Horst im Bereich Verkauf tätig. Später erzählte er mir, dass er im Außendienst sei. Sein Max wäre 5 Jahre und er zeigt dieses Verhalten seit ungefähr vier bis fünf Monaten im Auto. Max sei ansonsten ein sehr ruhiger Zeitgenosse. Bellen wäre sonst gar nicht so sein Ding. Auch wenn andere auf den Hof kommen würden, so würde er sich höchstens zu einem „Wuff" hinreißen lassen, aber zu mehr nicht. Auch im stehenden Auto sei Max absolut ruhig. Meistens würde er sich dort im Auto hinlegen und warten, bis Horst wieder kommt, so schilderte Horst mir. Doch sobald der Motor angeht und er einige Meter gefahren sei, ging es mit einem Jaulen los, dass sich von Kilometer zu Kilometer immer mehr steigern würde, bis hin zu einem Bellen. Horst sagte mir noch, dass er in diesem Zusammenhang froh sei, dass er nur einen Weg von 20 km bis zu mir hätte. Die Lautstärke im Auto wäre sonst nicht zu ertragen. Er habe es schon mit Kopfhörern versucht, aber dann fühle er sich beim Fahren nicht mehr so sicher. Das Lauterdrehen der Musik während der Fahrt erwies sich ebenso als nicht zweckmäßig.

Hier haben wir nun drei Fälle beschrieben, bei denen das Verhalten der Hunde sich bis auf einige kleine Nuancen glich. Keiner der Hunde hatte Probleme ins Auto zu gehen. Solange das Fahrzeug stand, waren die Hunde ruhig. Wenn die Fahrt begann, so steigerte sich bei allen drei Hunden nach und nach die Aufregung, was zu einem Jaulen, Fiepen und später zu einem Bellen und Kläffen führt. Alle drei Hunde sind körperlich gesund, so bestätigten mir die Hundehalter, und es wurden schon in verschiedenen Hundeschulen diverse Methoden durchprobiert, um dieses Verhalten zu ändern. Eine weitere Gemeinsamkeit war der Ort, in dem sich die Hunde in dem Fahrzeug aufhielten. Es war jeweils der Kofferraum eines Kombi-PKW. Keiner der Hunde wurde auf der Rückbank oder auf der Beifahrerseite gefahren.

Und nun, lieber Leser, kannst du dir ja mal Gedanken machen und dir überlegen, vor allem, wenn du auch noch in irgendeiner Form Hundetrainer bist, wie du nun in einem solchen Fall vorgehen würdest. Was würdest du tun?

Es herrschte leichtes Nieselwetter. Ich bat Tanja, das Auto zu öffnen und Nils zu nehmen, damit wir auf einen Platz gehen konnten, um dort wettergeschützt weiter zu reden. Sie öffnete das Auto und ich sah einen schwarz-braunen Mischlingshund, in der Größe zwischen einem Beagle und einem Jack-Russel. Er saß in einer verschlossenen Transportbox, und über die Box war noch ein großes buntes Bettlaken gelegt. Dieses Bettlaken diente dazu, die Box zu verdunkeln. Ich fragte sie, warum sie denn dieses große Bettlaken über der Box hätte. Sie erklärte mir, dass das so zum einen den Schall etwas dämpfen würde und zum anderen wäre er dann in den hohen Stimmenbereichen nicht ganz so schrill in den Ohren zu vernehmen. Dann fragte ich sie, warum sie eine Transportbox für ihren Hund hat. Aus Sicherheitsgründen, und das hat man ihr in der Welpenschule schon empfohlen. Nun, es war dem jungen Rüden, er war erst ein Jahr alt, schon anzusehen, dass ihm die Box nicht behagte. Denn selbst, als die Heckklappe des Autos offen war, er still war, und ich mit Tanja weiter redete, begann er nicht sich zu entspannen in der Box. Selbst nach ein paar Minuten zeigte er noch keine Entspannung in der Box. Er lag dort zwar auf der Seite, der Kopf auf dem Boden abgelegt, aber man konnte sehen, wie beide Hinterbeine noch angespannt waren, die Muskeln traten leicht hervor, die Krallen leicht angespannt. Ich sprach sie auf die Box an. Sie berichtete mir, dass ihr das schon in der ersten Hundeschule empfohlen wurde, sich eine solche Transportbox anzuschaffen. Sie zeigte mir, wie in der dortigen Hundeschule es trainiert wurde, dass der Hund sich in der Box aufhält, sich dran gewöhnt, und dass er sich darin wohlfühlt. In der zweiten Hundeschule, die sie besucht hat, wurde das Prozedere nochmals durchgeführt. In der dritten Hundeschule wurde ihr wieder gesagt, dass sie eine Transportbox nehmen sollte. Sie sagte, sie hätte eine, und damit war dann der Hundetrainer zufrieden und es wurde sich um das eigentliche Problem nicht weiter gekümmert, sondern der Fokus auf den Grundgehorsam gelegt, der würde schon still werden, der Hund, wenn er älter wird. In der vierten Hundeschule, in der Tanja war, wurde ihr ebenso empfohlen, eine Transportbox zu nehmen. Ja, sagte sie, die habe sie bereits. Und dann wurde versucht über verschiedene Formen der Konditionierung und der verschiedenen Verstärkungen und Bestärkungen den Hund dahin zu bringen, während der Fahrt im Auto still zu sein. Dies wurde versucht mit Lob, mit Futter, mit Leinenruck durch die kleinen Boxenöffnungen, mit Einwirken, mit Schimpfen, mit Meckern, mit Klatschen, mit Nassspritzen, so dass er danach aussah, als hätte er geduscht, sie zeigte mir ein Foto davon, mit Klapperboxen, die gegen die Gitter geschmissen wurden, mit ruhiger Stimme zu ihm sprechen, mit verschiedenen Düften von Duftölen, und, als die Trainer dann auch dort nicht mehr weiter wussten, mit einem Sprühhalsband. Es wurde also eine reine Symptombehandlung durchgeführt. Es wurden wieder einmal Fliegen gejagt, statt die Fäkalien zu entfernen. All das führte am Ende auch dazu, dass der Hund weiter im Auto jaulte und bellte, dass ihn all das nicht interessierte, und dass sie jetzt bei mir stand und wir gemeinsam auf das Dilemma in ihrem Auto schauten.

Ich bat sie, erst mal den Hund dort in der Box zu lassen und mit mir alleine auf den Platz zu gehen. Dort redeten wir noch ein bisschen, tranken einen Kaffee, und sie berichtete mir noch, was sie sonst schon alles getan und gemacht hat. Sie hätte zwar noch das eine oder andere Problem mehr, z.B. dass er etwas weniger an der Leine ziehen könnte, und die anderen üblichen Dinge, weswegen Menschen zu uns kommen, doch dieses Jaulen und Bellen während der Autofahrt, das überragte alles. Ich kann das auch sehr gut nachvollziehen. Man nimmt sich einen jungen Hund zu sich, bereitet sich gut vor, hat seine Wünsche, Bilder und Träume im Kopf, vom Zusammenleben, freut sich darauf, den Hund überall mit hinzunehmen und dann, dann wird genau das, worauf man sich gefreut hat, zur Tortur. Man nimmt sich professionelle Hilfe, aber egal was man macht, nichts verändert sich. Man gibt viel Geld für Hundetrainer aus, man opfert viel Freizeit, nimmt sich Urlaub, aber all das führt einen nicht weiter an das gewünschte Ziel. Dabei wollte sie von ihrem Hund in dem Moment ja nun wirklich nicht viel. Sie wollte nur, dass er während der Fahrt still ist. Sie erzählte mir weiter, wie sie den Hund zu sich genommen hat. Damals, der Hund war gerade etwas über acht Wochen, war das Fahren kein Problem. Sie hatte sich einen Fahrer organisiert. Der kleine Welpe verbrachte die Fahrt bei ihr auf einer Decke auf ihrem Schoß. Ein optimaler Start. Das war damals auch kein Problem, das Jaulen und Bellen fing erst einige Zeit später an, als er so vier bis fünf Monate war. Tanja hatte auch eine Vermutung, warum er das Bellen und Jaulen anfing. Denn es war über knapp zwei Wochen so, dass sie ihn nur dann mitnehmen konnte, wenn es irgendwo hinging, wenn es für ihn hieß, hier ist Spielspaß und Toben angesagt. Und sie meinte, dass er dadurch verknüpft hätte, immer wenn sie Auto fahren, würde es zu genau so einer Spaß-, Spiel-, und Toberunde gehen. Dies konnte ich allerdings schnell verneinen, denn er war in der Box bei der Ankunft angespannt, nicht aufgeregt. Es passte nicht zu dem Hund, den ich im Auto sah. Wir gingen nochmal zurück zu dem Hund in der Box im Auto. Er hatte sich die ganze Zeit soweit still verhalten, außer einem kleinen Wimmern zwischendurch. Sie nahm ihn aus dem Auto heraus, und wir gingen mit ihm zusammen auf den Hundeplatz. Dort angekommen, machte er erst mal eine große Platzbesichtigung. Hier und da markierte er. Er war halt ein junger Rüde. Und dann, nach ungefähr drei bis vier Minuten, war er bei uns. Erst setzte er sich und kurze Zeit später legte er sich hin. Ihm war Tanja also wichtig. Das heißt, dass also auch hier nicht die Ursache für das Verhalten im Auto zu finden war. Ich ging nochmal alles im Kopf durch, was ich an Information hatte. Wie Tanja aus dem Auto stieg, was das Auto mir über den Menschen sagte, Tanjas Art zu reden, sich zu bewegen. Und ich stolperte immer wieder darüber, dass der Hund in der Box nicht mal ansatzweise entspannt lag. Er hatte sich zwar auch in der Box hingelegt, während wir am Auto standen, aber er war nicht entspannt. Es war immer eine Anspannung in dem Hund zu sehen.

Ich fragte Tanja, ob wir die Box mal eben aus dem Auto nehmen könnten. Sie bejahte und meinte, dass dies ganz einfach sei. Gesagt, getan, wir bauten die Box aus dem Auto aus. Und dann bat ich Tanja, ihren Hund doch einfach dorthin in den Kofferraum zu setzen, wo vorher die Box war, und dann einfach mal loszufahren. Von uns in den Ort und zurück. Das sind so ungefähr 12 km. Das tat sie. Und nach einiger Zeit kam sie zurück. Ich konnte schon hören, was sich verändert hatte. Denn der Hund war jetzt nicht mehr zu hören, wie noch vor ungefähr 30

Minuten, als Tanja zu uns auf dem Hof fuhr. Sie parkte bei uns auf dem Hof ein, stieg aus und strahlte mich an. Sie sagte mir, dass der junge Rüde die ganze Zeit im Auto still gewesen sei. Er habe im Kofferraum gestanden und nach draußen geschaut, auf die Umgebung, die vorbeizog. „Gut", sagte ich, „so soll das sein." Er war seitdem im Auto still.

Ich bat Sabrina, ihre Shelly aus dem Auto zu nehmen und mit mir gemeinsam auf den Hundeplatz zu gehen. Dort konnte Shelly dann erst mal nach der langen Fahrt etwas laufen und wir etwas reden. Während Sabrina ihren Shelly aus dem Auto rief, warf ich schnell einen Blick durchs Fahrzeug. Was mir auffiel, waren einige verschiedene CDs von Madonna, offensichtlich mochte sie ihre Musik. Sie rief in aller Ruhe ihre Shelly aus dem Fahrzeug und wir drei gingen gemeinsam ruhig und geordnet auf den Platz. Bei einer Tasse Kaffee begann ich mit Sabrina zu erzählen, während ihre Shelly über den Platz lief. Auf dem Hundeplatz gibt's natürlich immer viel zu riechen. Und gerade bei dem Wetter, es hatte einige Tage nicht geregnet, waren besonders viele Düfte von anderen Hunden, die in den letzten Tagen hier auf dem Platz liefen. In dem Gespräch wiederholte Sabrina nur das, was ich schon wusste. Ich fand keinen weiteren Anhaltspunkt. So fing ich an, etwas zu raten, hier und da einfach mal was zu fragen, um darüber neue Informationen, neue Erkenntnisse zu bekommen. Doch das gelang mir nicht. Dann fragte ich sie danach, wie denn so ein typischer Tagesablauf von ihr und Shelly aussehen würde. Sie berichtete mir davon, doch auch dort fand ich keinen Anhaltspunkt für das Verhalten ihrer Shelly. Sie hatte sich mittlerweile zu uns begeben und sich es neben Sabrina bequem gemacht. Sie lag auf ihrer Seite, fast komplett in der Sonne, mit geschlossenen Augen und genoss offensichtlich die wärmende Sonne auf ihrem Fell. Ich sprach mit Sabrina noch über dies oder das, auch darüber, was sie zuvor in den anderen Hundeschulen bereits gemacht haben. Sie erzählte von dem vielen Geld, was sie dort gelassen habe, aber ihr Hund nicht ruhiger wurde während der Fahrt. Doch auch dort bekam ich keinen Anhaltspunkt. Ich beschloss, mir von der ganzen Aktion ein entsprechendes Bild zu machen. So bat ich Sabrina, Shelly zu nehmen, sie wieder ins Auto zu führen und mit mir zusammen eine Runde im Auto zu drehen. Wir fuhren los. Was mir sehr schnell auffiel, war der häufige Blick von Sabrina in den Rückspiegel. Und mit der Zeit begann Shelly immer unruhiger zu werden. Ihre Ohren klappten sich ab und wir konnten erstes Winseln vernehmen. Wir waren erst zwei, drei Kilometer gefahren, doch Shelly wurde immer lauter und der Blick von Sabrina in den Rückspiegel immer häufiger. Ich hatte den Eindruck einer Wechselwirkung. Je mehr sich Shelly unruhig verhielt, umso mehr schaute Sabrina in den Rückspiegel. Mittlerweile fingen auch ihre Finger an, am Lenkrad zu tippen. Ein Zeichen von Unruhe in Sabrina. Und wenn sie zwischenzeitlich zu mir sprach, wurde ihre Stimme immer ein Stückchen heller. Ob von ihrer eigenen Aufregung, oder weil sie vom Verhalten ihrer Shelly genervt war, konnte ich zu diesem Zeitpunkt noch nicht ergründen. Aber für mich war die Wechselwirkung der beiden offensichtlich. Ich bat Sabrina wieder zurück ins Pfotenland zu fahren. Dort angekommen bat ich Sabrina, ihr Fahrzeug fahren zu dürfen und zwar ohne sie, aber mit Shelly. Ich wollte schauen, ob es nun am Hund oder an Sabrina liegt. Wer von beiden der Auslöser ist. Und dazu brauchte ich halt eine Referenz. Und diese konnte ich am einfachsten dadurch bekommen, dass ich in dem gewohnten Fahrzeug mit Shelly, aber ohne Sabrina fuhr. Ich fuhr los. Die gleiche Runde, wie Sabrina gefahren war. Und Shelly war die gesamte Fahrt über ruhig. Sie lag im Kofferraum. Entspannt. Manchmal konnte ich die Spitzen ihrer Ohren sehen. Das war auch schon alles, was ich von ihr vernahm. Damit war eines klar und stand fest: die Wechselwirkung der beiden wurde von Sabrina initiiert. Ob ich richtig lag mit meiner Annahme, musste die folgende Fahrt zeigen. Wieder in unserem Pfotenland angekommen, berichtete ich Sabrina nichts von dem Ergebnis, sondern stieg aus dem Fahrzeug aus, sagte zu ihr, dass sie bitte einsteigen und die gleiche Runde fahren möchte wie eben. Ich setzte mich dazu wieder auf den Beifahrersitz. Wie fuhren los. Sie parkte das Fahrzeug dazu rückwärts auf unseren Hof aus. Dabei schaute sie natürlich auch in den Rück-spiegel, doch ich konnte anhand ihrer Augen sehen, dass sie jetzt schon auf Shelly schaute. Wir waren noch nicht vom Hof runter, fingen ihre Finger wieder an, am Lenkrad zu tippen. Die 100 m der Auffahrt hat sie zweimal in den Rückspiegel nach Shelly geschaut. Und es dauerte keine weiteren 500 m, da hatte die Shelly wieder eine Lautstärke erreicht, die mächtig und unangenehm war. Damit war die Bestätigung da, es lag an Sabrina. Sabrina trug in sich die Erwartung, dass Shelly gleich etwas machen würde. Sie trug in sich die Erwartung, dass Shelly alles andere als ruhig und ausgelassen dort im Auto liegen würde, während der Fahrt. Und jedes Mal, wenn Shelly dann noch anfing, sich durch Unruhe oder durch eine entsprechende Geräuschkulisse bemerkbar zu machen, fühlte sich Sabrina bestätigt. Sabrina war hier gefangen in einem Teufelskreis der selbster-füllenden Prophezeiung. Ihre Erwartung rief das Verhalten von Shelly hervor. Wir fuhren weiter. Nicht die gleiche Runde wie zuvor. Ich bat sie, ihr Radio an-zumachen und eine CD von Madonna zu spielen. Es war noch eine im CD-Player, so dass wir sofort Madonna hörten. Daneben lag die leere CD-Hülle und ich las mir die Lieder durch, die auf der CD waren. Zu meinem Glück kannte ich eines davon: Like a Virgin. Ich kannte es von einer anderen Frau, aus Hessen, die mal bei mir war, weil sie Probleme mit Hundebegegnungen hatte. Sie hatte Angst da-vor, dass ihr Hund mit anderen Hunden eskalierte. Damals fingen wir an, genau dieses Lied zu singen, weil es ihr Lieblingslied war, und wir konnten ihr so helfen, Hundebegegnungen mit ihrem Hund gefahrlos für alle Beteiligten zu überstehen. Ich stellte am CD-Player von Sabrina im Fahrzeug dieses Lied ein. Es startete.

Ich bat Sabrina, dass wir beide jetzt mitsingen werden. Ich kann gar nicht beschreiben, wie verdutzt ihre Augen mich ansahen. Wie überrascht sie war. Sie hatte sicherlich mit vielem gerechnet, sie wusste ja auch schon im Vorfeld, dass unsere Vorgehensweise nicht die üblichen Methoden enthält. Aber in ihrer Vorstellung kam wohl ein gemeinsames Singen mit Madonna nicht vor. Aber das machte nichts. Wir beide stimmten mit ein und sangen kräftig mit. Dieses Singen sorgte dafür, dass Sabrina sich soweit entspannte, auch während der Fahrt, dass nach nicht mal der Hälfte des Liedes Shelly still hinten im Kofferraum saß. Nach dem Ende des Songs legte Shelly sich entspannt hin. Rätsel gelöst, Ursache gefunden. In knapp einer Stunde.

Die nächsten zwei Wochen hängte sich Sabrina eine Unterhose über den inneren Rückspiegel, um nicht unbewusst wieder in ihr altes Verhaltensmuster zu fallen und dort nach Shelly zu schauen. Sie hatte ja noch die zwei Außenspiegel. Desweiteren konditionierte ich Sabrina darauf, dass, wenn immer Shelly bellte, sie augenblicklich an Madonnas Like a Virgin dachte.

Ich bat Horst, die Heckklappe an seinem Fahrzeug zu öffnen. Horst öffnete sie, und als Max den Ansatz versuchte, heraus zu springen, ermahnte Horst ihn, im Auto zu bleiben. Max folgte dem ansatzlos. „Das funktioniert nicht immer so", kommentierte Horst diese Situation. Manchmal springt er dennoch auch mal heraus. Aber im Großen und Ganzen war er sehr zufrieden mit seinem Max. Er sei ein braver, folgsamer Hund. Ich ging zu dem Fahrzeug, ich begrüßte Max. Ich streichelte ihn ein wenig am Hals und am Kopf. Ich kraulte ihn an seiner Brust. Max war sehr freundlich mir gegenüber, sehr aufgeschlossen. Horst leinte ihn an und wir gingen gemeinsam auf den Hundeplatz. Ich machte uns einen Kaffee und wir redeten ein wenig. Horst berichtete mir von seinem Arbeitsleben, dass er 50 bis 70000 km im Jahr fahren würde, von dem Tagesablauf mit Max, den er meistens mitnehmen konnte. Er erzählte mir, wie er Max als Welpen zu sich genommen hatte, und wie ihm Max es einfach gemacht hatte, mit ihm zusammen zu leben. Ich fragte Horst, ob er eine Idee hätte, was die Ursache für das Bellen von Max im Auto wäre. Er verneinte. Er hatte sich schon so viele Stunden den Kopf darüber zerbrochen. Er kam zu keinem Ergebnis. Er hatte schon mit so vielen verschiedenen Menschen, Hundehaltern und Experten, darüber gesprochen, doch auch dort hatte keiner die richtige Idee. Ich fragte ihn, was dort gemacht worden wäre, und er berichtete mir davon. Zusammenfassend kann man sagen, dass dort Symptome versucht wurden zu bekämpfen, aber niemand der Ursache auf den Grund gegangen ist. Und wenn doch, dann nicht mal halbherzig. Das sollte sich nun ändern. Deswegen war er bei mir. Und ich wollte das ebenfalls. Machen wir uns nichts vor, ein Hund, der bei jeder Fahrt bellt, und nicht aufhört, da leidet die Lebensqualität. Man wird genervt, reizbar. Der Hund muss öfters zu Hause bleiben. Da leidet dann auch die Lebensqualität von Max. Ich bat ihn, einige Übungen mit Max zu machen. Einfache Übungen, damit ich ein Bild von den beiden bekommen konnte. Ein bisschen an der Leine laufen, ein bisschen ohne Leine laufen, Rückruf, eine Zeit irgendwo liegen bleiben. Aber alles kein Problem. Während dieser einfachen Übungen machte ich nebenbei noch einige Vertrauensabfragen. Auch hier zeigte Max nichts Besonderes. Die Beziehung zwischen den beiden war sehr stabil, das war offensichtlich, und auf gegenseitigem Vertrauen und Respekt basiert. Es war ein schönes Gefühl, die beiden zusammen zu sehen, wie sie liefen, wie sie zusammen agierten. Es hatte viel von Harmonie. Damit war klar, dass ich in diese Richtung nicht weiter nach einer Ursache zu suchen brauchte, für das Verhalten von Max im Auto während der Fahrt.

Ich entschloss mich, das ganze Szenario zu beobachten, wenn wir fahren. Gesagt, getan. Horst setzte sich ans Steuer, ich auf den Beifahrersitz und Max saß hinten drin. Wir fuhren los. Und nach einiger Zeit fing dann auch Max an zu jaulen. Erst leise, aber Stück für Stück immer lauter und immer lauter. Bis aus dem Jaulen ein Bellen wurde. Und dann bellte der Max. Er bellte und bellte und bellte. „Das macht er jetzt, bis wir wieder anhalten", erklärte mir Horst. Und er sollte Recht behalten. Nach ungefähr 6 km bat ich Horst zu stoppen. Und prompt hörte Max auf zu bellen. Und mir fiel etwas auf. Ich bat Horst, wieder loszufahren, weiter die Straße entlang. Es herrschte wenig Verkehr. Er fuhr los und mit Max begann das gleiche Spiel. Erst ein leichtes leises Jaulen, das lauter und lauter wurde. Und dann wurde das Jaulen schließlich zu einem Bellen. Und Max bellte und bellte und bellte. Ich bat Horst wieder, an einer Haltestelle rechts ran zu fahren, um dort zu stoppen. Kein Problem, denn ein Bus war nicht in Sicht. Horst stoppte und sofort war Max wieder ruhig. Ich bat Horst wieder zurückzufahren, zu uns. Horst fuhr los und das Szenario mit Max wiederholte sich sofort. Erst das Jaulen, das stärker und lauter wurde, dann das Bellen. Bei uns angekommen, folgte die sofortige Stille von Max. Wir blieben noch im Auto sitzen. Mir fiel während der Fahrt auf, dass die Lockerheit, die Gelöstheit, die Horst ansonsten in Zusammenhang mit Max an den Tag legte, sofort beim Fahren weg war. Sie wich einer Anspannung. Aber diese Anspannung hatte nichts mit Max zu tun. Hätte sie mit Max zu tun gehabt, dann hätte er während der Fahrt viel mehr auf Max geachtet, als er tat. Aber er achtete konzentriert auf den Verkehr. Und auch das Reden während der Fahrt mit mir beschränkte sich eher auf ein Minimum, im Vergleich zu dem, wie ich ihn auf unserem Hundeplatz kennengelernt hatte. Ich machte Horst darauf aufmerksam. Horst wich aus.

Das ist so ein Moment, da muss ich mich dann entscheiden. Konfrontiere ich mein Gegenüber direkt mit dem, was ich gerade eben an ihm gesehen, beobachtet habe, oder versuche ich das Ganze diplomatisch hinten rum. Das ist immer ein schwieriger Moment, denn beide Varianten haben entscheidende Vorteile und entscheidende Nachteile. Und man weiß vorher nie, welche die bessere Variante ist. Das ist einer der wenigen Momente, in denen ich mich auf meine Intuition und meine Empathie mehr verlasse, als auf meine reine Beobachtungsgabe. Und ich entschloss mich, ihn direkt mit meinen Beobachtungen zu konfrontieren. Ich sagte ihm, was ich gesehen hatte, seine Anspannung während der Fahrt, die Knöchel der Hand, die weiß hervortraten, weil er so sehr seine Hände ums Lenkrad verkrampfte. Und ich sagte ihm, dass das einen Grund haben musste. Und dieser Grund sei keine Lappalie. Es musste ihm etwas widerfahren sein, vermutlich sogar während der Fahrt, das nun dafür sorgte, dass der ansonsten lockere Horst auf einmal im Auto ein ganz anderer Horst wurde, zu einem mit sehr viel Anspannung. Und diese Anspannung es sehr wahrscheinlich sei, die dafür sorgte, dass sein Max auch ihn nicht mehr verstehen und deswegen ein solches Verhalten an den Tag legen würde. Horst sackte nach meinen Worten in sich zusammen. Gut, dass er noch gesessen hatte. Und er fing an zu weinen. Und dann erzählte er mir davon, dass er vor fast einem Jahr nur mit sehr viel Glück einen sehr schweren Unfall körperlich fast unversehrt überlebt hatte. Und dieser Unfall würde ihn heute noch verfolgen. Es vergeht fast kein Kilometer, an dem er nicht in irgendeiner Form irgendetwas im Zusammenhang mit diesem Unfall fühlen, sehen, vermuten würde oder sonst was. Dieser Unfall würde ihn entsprechend belasten.

Und damit hatten wir dann auch wohl die Ursache gefunden, so meine Vermutung. Nun mussten wir noch einen Weg finden, diese Ursache zu beheben. Mit anderen Worten, wir mussten Horst seinen Spaß wiedergeben am Autofahren. Denn wie er mir vorher auf dem Hundeplatz berichtet hatte, war einer der Gründe, warum er im Außendienst arbeiten würde, sein Spaß am Autofahren. Er hatte es jahrelang geliebt, die großen Limousinen, die für lange Strecken gebaut sind, zu fahren. Bis eben zu diesem Unfall.

Er hatte sich damals an einem herbstlichen Abend in der Dämmerung auf der Autobahn bei hoher Geschwindigkeit gedreht, dabei wie ein Ping-Pong-Ball zwischen den Leitplanken hin und her geflogen. Sein Auto war danach Schrott, aber er fast unversehrt, außer ein paar blauen Flecken und ein paar leichten Schürfungen.

Ich überlegte mir einen Weg, den wir gehen konnten, um herauszufinden, ob das die Ursache für das Verhalten von Max war. Ich traf mich am nächsten Tag mit Horst wieder zur nächsten Stunde. Auf meine Anweisung hin blieb Horst bei der Ankunft gleich im Auto sitzen und Max hinten drin. Ich setzte mich zu ihm in sein Fahrzeug auf dem Beifahrersitz. Ich zeigte ihm einige Entspannungsübungen, und die machten wir zusammen. Und dann fuhren wir los. Ich sah schon nach wenigen hundert Metern, dass diese Übungen nicht den gewünschten Erfolg hatten, und bat Horst, an der Seite wieder anzuhalten. Ich machte noch einige entspannende Atemübungen mit ihm, aber andere als zuvor. Auch ich musste mich jetzt herantasten, was bei Horst funktionierte, worauf er reagierte, und worauf nicht. Nach ungefähr 20 Minuten fuhren wir wieder los. Sofort war ihm anzumerken, dass er nun beim Fahren lockerer und entspannter war. Seine Hände hingen nun entspannt in den Speichen des Lenkrades. Seine Schultern waren nicht mehr hochgezogen, sondern hingen lässig nach vorne. Seine Mundwinkel zogen sich leicht nach oben. Er hatte Spaß. Spaß am Fahren. Und Max? Max blieb still. Wir fuhren auf einer gut ausgebauten Straße. Sie führte weit geradeaus. Man konnte sie gut einsehen. Und Horst gab mit seinem Auto Gas. Man merkte ihm an, dass er gerade wieder begann, Freude am Fahren zu haben. Wir fuhren wieder zu uns zurück. Max war die ganze Zeit still hinten im Auto geblieben. Er hechelte zwar, aber er war still. Ich stieg aus dem Fahrzeug und bat Horst, den ganzen Weg nochmals zu fahren und wenn er zurück sei, mir zu berichten, wie ist denn nun gewesen war. Das tat er. Nach gut zehn Minuten fuhr er wieder bei uns auf den Hof. Er stieg aus und strahlte mich an. Er ging zu mir, streckte seine Hand aus, um mir zu danken, und berichtete, dass Max die ganze Zeit still gewesen sei. Er fuhr nach Hause, und kaum dort angekommen, rief er mich an, um mir mitzuteilen, dass Max auf dem ganzen Weg zurück zu ihm nach Hause keinen Mucks von sich gegeben habe. Max hätte sich sogar hingelegt und Horst hätte das Gefühl gehabt, dass Max ein wenig geschlafen hätte. Damit war die Ursache gefunden. Wir haben noch einige weitere Stunden damit verbracht, die Entspannungsübungen für die Autofahrt zu vertiefen. Nach einigen Wochen bekam ich die Nachricht von Horst, dass Max seit seinem Besuch bei uns im Auto nie wieder auch nur einen Mucks von sich gegeben hätte. Sogar auf seine Dienstreisen könne Max nun wieder mit.

An diesen drei Beispielen kann man sehr gut sehen, wie sehr es sich lohnt, die Ursachen für ein Verhalten zu suchen, und nicht nur Symptome zu bekämpfen. Die Fäkalien zu entfernen, und nicht nur die Fliegen zu jagen.

Nun aber noch mal kurz zu meiner Frage, was du bei den Symptomen getan hättest. Wärst Du genauso vorgegangen, oder was hättest du getan?

MAL EBEN SCHNELL GEHOLFEN...

Eine Frau kam an einem sonnigen, warmen Tag zu mir, weil ihr Hund, ein braun-weißer Beagle im jungen Alter von 3 Jahren, immer wieder alles vom Boden fraß und auch alles von fremden Menschen nahm. Dies wollte sie nicht, wegen der Giftköderproblematik, weil es für einen Hund nicht gut ist, alles zu fressen, was er auf dem Boden findet. Sie war in der Hundeschule. Dort hatte man das trainiert. Fremde Menschen hatten dem Hund etwas gegeben, und er nahm es nicht. Aber in der echten Welt, außerhalb des geschützten Refugiums des Hundeplatzes, funktioniert es nicht, so berichtete sie mir. Sie musste immer darauf achten, es mindestens schneller zu sehen als er. Und manchmal half auch das nicht. Ich habe mir dann angeschaut, was sie dort machte, wie sie das trainiert hat. Sie rief ihren Hund zu sich und schickte ihn ins Sitz. Er setzte sich auf den trockenen Sandboden. Er war so trocken, das man Beachvolleyball darauf hätte spielen können. Ich ging mit etwas Futter in der Hand zu dem Beagle und bot es ihm aus der flachen Hand an. Er machte kurz eine lange Nase und dann drehte er den Kopf weg und schaute zu ihr hoch. Und dann bekam er ein Lob. Damit war die Problematik klar. Es ist antrainiert. Es wurde mit ihm geübt und trainiert. Seine Entscheidungsgrundlage wurde nicht verändert. Ihm war nicht klar, dass es eigentlich in der Hausordnung steht, nichts außerhalb seines Napfes zu fressen. Ich sagte zu ihr folgenden Satz: „Du hast das mit dem Tabuisieren von Futter deinem Hund antrainiert. Du hast es aber nicht in deine Hausordnung geschrieben. Das erkenne ich daran, dass du ihn dafür lobst, dass er etwas nicht tut, was selbstverständlich sein sollte. Würdest du in deine Hausordnung eintragen, dass er nichts vom Boden zu nehmen hat, und die Erwartung haben, dass er genau das, was in deiner Hausordnung steht, auch umsetzt, wird sich das Verhalten ändern." Die Frau schaute sich mich mit großen Augen an. Ich konnte das Rattern in ihrem Kopf förmlich hören. Danach sagte ich ihr noch folgenden Satz: „Lobst du deinen Mann jeden Abend dafür, dass er den Tag über nicht fremdgegangen ist? Vermutlich nicht, denn das ist für euch selbstverständlich." Am Blick der Frau konnte ich sehen, dass sie verstand. Sie lächelte mich auf einmal an und sagte: „Jetzt ist alles klar! Jetzt weiß ich, wo der Fehler liegt." Mehr bedurfte es nicht. Ein paar Tage später schickte sie mir eine Nachricht. „Seit ich bei dir war, hat mein Hund nicht wieder vom Boden gefressen und auch nichts mehr von fremden Menschen genommen. Ganz einfach, weil ich es erwartet habe." Dazu ein Video, auf dem man sehen kann, wie der Beagle an den vorher heißgeliebten Pferdeäpfeln vorbeigeht. Er schaut zwar mal dorthin, aber er läuft weiter. So, wie es eben in der Hausordnung der Frau steht. Manchmal kann es so einfach sein.

In dem Bereich „Mal eben schnell geholfen…" erlebte ich folgende Geschichte, stellvertretend für Dutzende solcher Geschichten, die ich hier erlebt habe: Jemand aus dem Emsland nahm einen Hund aus dem Tierheim zu sich. Einen Golden Retriever, fünf Jahre. Die Tierheimleitung sagte den neuen Hundehaltern, dass sie aufpassen müssten, ihr Hund verhalte sich aggressiv gegenüber anderen Hunden. Damit nahm das Unheil seinen Lauf. Zu Hause angekommen, der erste Gang mit dem frisch adoptierten Hund ergab gleich eine Hundebegegnung. Voller Sorge und mit der Macht der Vorstellungskraft dachten die frischgebackenen Hundebesitzer permanent an das, was ihr Hund gleich wohl mit dem anderen Hund machen würde. Dieses durch die Vorstellungskraft und damit unbewusst veränderte Verhalten des Menschen führte beim Hund dazu, dass er den entgegenkommenden Hund als Feind betrachtete. Er wusste zwar nicht so recht, warum, aber wenn seine neuen Menschen das schon so sahen, so kann man ja mal wenigstens grummeln. Dieses Grummeln bestätigte die Menschen in der von der Tierheimleitung getätigten Aussage, dass ihr neuer Hund problematisch mit anderen Hunden sei. Nun wollten die neuen Hundebesitzer sehen, wie es wohl erst bei der nächsten Begegnung mit einem Hund wird. Und ihr neuer Hund erfüllte in der nächsten Begegnung die von den Menschen gewünschte Erwartung und sich ausgemalten geistigen Bilder. Er attackierte den anderen Hund mit lautem Bellen, durch die Verbindung mit der Leine hinterherfliegenden Menschen, viel Getöse, keine Verletzungen. Puh, nochmal Glück gehabt, dachten sich anschließend die neuen Hundebesitzer. Und zwei Entscheidungen wurden getroffen: Hundebegegnungen werden wir in Zukunft meiden und wir gehen in eine Hundeschule. In der ersten Hundeschule wurde gesagt, dass der Hund einen Maulkorb tragen müsse und auch nicht mit den anderen spielen dürfe. Nach allem, was du bis hierher gelesen hast, wird dir klar, dass dies das Verhalten des Golden Retriever nur noch schlimmer macht. Und so war es auch. In der nächsten Hundeschule sollte der Goldie mit Futter in Hundebegegnungen abgelenkt werden. Es wurde nicht erkannt, dass das Verhalten sich bereits so generalisiert hatte, dass Futter keine Ablenkung mehr darstellte. Konnte es nicht, wenn man nicht bereit war, Monate oder gar Jahre damit zu verbringen. Es ergab sich also keine Verbesserung in Hundebegegnungen. Deswegen sollte nun ein Halti Verwendung finden. Das Mittel der Wahl, wenn Hundetrainer nicht mehr weiter wissen und aufgeben. Klar, der Hund ist dann besser zu händeln in Begegnungen, das Halti ist schließlich eine Symptombekämpfung, aber die Ursache ist nicht behoben und das Verhalten selbst ist nicht verändert. So sollte es ja nun auch nicht die nächsten Jahre weitergehen, beschlossen die Hundehalter und wechselten wieder die Hundeschule. Dort sollte der Hund für eine Woche beim Trainer bleiben. Der würde den Hund dann schon hinbekommen. Anschließend sollten sie dort in der Hundeschule mit dem Schutzdienst beginnen, damit der Hund seinen „Reviertrieb" und „Aggressionstrieb" kanalisieren kann. Beide Triebe gibt es nicht, doch das ist eine andere Geschichte. Die Verzweiflung der Hundebesitzer war zwar groß, aber das war dann doch nicht ihr Weg, das wollten sie schon selbst und anders hinbekommen. In der vierten Hundeschule musste der Hund immer im Auto warten und durfte nur mit Maulkorb, Halti und Erziehungsgeschirr und nur während des Unterrichtes mit den anderen beim Unterricht mitmachen. Dazu mussten sie sich drei Futterbeutel zulegen, für die verschiedenen Futterbelohnungen, eine fürs Zurückkommen, eine fürs Anschauen und eine für besondere Leistungen des Hundes. Außerdem eine Reizangel, damit der Hund ausgelastet ist, eine Schleppleine für die ersten Schritte beim Longieren und verschiedene Dummys, damit ihr Hund Suchspiele mit ihnen durchführen kann. Quietschspielzeug, womit sie ihren Hund zurückrufen sollten. Und noch vieles mehr. Es drehte sich wieder alles um den Hund. Und sie machten all das mit, so groß war mittlerweile die Verzweiflung. Doch nach weiteren sechs Monaten ergab sich noch immer keine Besserung in den Begegnungen mit anderen Hunden. Im Gegenteil. Mittlerweile gab es einige Tierarztrechnungen, die sie bezahlen mussten. Warum das so war, dürfte jedem klar sein, der dieses Buch bis hierher gelesen hat. So kamen dann diese Menschen mit ihrem Golden Retriever zu mir. Sie hatten gehört, dass unsere Vorgehensweise eine andere sei. Und sie wollten nichts unversucht lassen. So vereinbarten sie einen Kennenlerntermin, dort sollte ich mir den Hund anschauen.

Zu dem vereinbarten Termin kamen sie bei uns auf den Hof gefahren. Es fand gleichzeitig auf dem angrenzenden Hundeplatz Gruppenunterricht statt und eine weitere Trainerin arbeitete gerade ebenfalls auf dem Hof in einer Einzelstunde. Da sie zu früh waren, war auch ich noch im Einzelunterricht beschäftigt. Dies hielt mich jedoch nicht davon ab, schon zu beobachten. Der Goldie blieb im Auto, das Auto geschlossen. Dort verhielt er sich ganz ruhig. Trotz der über ein Dutzend Hunde in seinem Sicht- und Hörbereich, die sich auch am Auto vorbei bewegten. Die Menschen des Goldies begannen wie ein Radar die Umgebung zu scannen, nach anderen Hunden. Permanent ließen sie ihren Blick über das Gelände schweifen. Die Hände dabei unentwegt in Bewegung. Die Finger zogen die Leine, die sie hielten, permanent durch die Hände. Und es waren reichlich Hunde anwesend. Sie suchten, ob womöglich irgendwo ein Hund sich losreißen könnte oder ähnliches und dann zu ihrem Hund läuft. Der saß zwar im geschlossenen Auto, aber man weiß ja nie. Ich war zwar noch im Unterricht, aber ich bat sie, dass sie ihren Hund bereits aus dem Auto nehmen mögen. „Aber die anderen Hunde..." „Nehmt ihn einfach heraus, bringt ihn ins Sitz. Ich bin in wenigen Minuten bei euch." Sie taten dies. Der Hund wurde, während er noch im Auto saß, in Halti, Geschirr, und was weiß ich alles eingepackt. Ich kannte das zum Teil gar nicht, was sie ihm überstülpten. Immer, wenn ein anderer Hund vorbeiging, stellte man sich dazwischen, dabei machte der Goldie nicht mal Anstalten aufzustehen. Als ich soweit war, bat ich die beiden mit ihrem Hund zu mir zu kommen, auf einen freien Hundeplatz. Dazu mussten sie an einigen Hunden vorbei, die ich schon zuvor bewusst dort platziert hatte. Das Ehepaar sagte mir: „Aber die anderen Hunde..." Ich entgegnete den beiden: „Euer Hund ist doch ganz lieb. Schaut zu mir und kommt zu mir. Wir gehen dann weiter". „Aber die anderen Hunde!" wandten sie ein. Ich wiederholte: „Ihr habt einen lieben und braven Hund an eurer Seite. Da passiert nichts." Ich bekam einen verwunderten Blick, beide entspannten sich, ihre Schultern senkten sich, ihre Köpfe hoben sich, ihre Arme lockerten sich und sie gingen mit ihrem Goldie an den anderen von mir platzierten Hunden vorbei, ohne dass ihr Hund auch nur mit der Wimper zuckte. 10 Minuten und einen Kaffee später lief er ohne all das Zubehör, nur mit Halsband, mit anderen Hunden zusammen über unseren Hundeplatz entlang, als hätte er nie etwas anderes getan. Ich habe ihnen einfach nur gesagt, dass ihr Hund lieb sei. Was er auch tatsächlich war. Sie hatten immer nur geglaubt, dass ihr Hund gefährlich sei, weil man dies im Tierheim ihnen erzählt hat. Niemand hat diese Aussagen des Tierheimes in all den Jahren hinterfragt. Und ihr Hund hat diese Erwartung, die an ihn gestellt wurde, einfach nur erfüllt.

Liebe Tierheimmitarbeiter und Mitarbeiter in Tierasylen, achtet darauf, was ihr sagt, ihr habt eine große Verantwortung, mit dem, was ihr sagt. Doch leider schult man euch lieber in noch weiteren Varianten der Konditionierung. Ihnen die Macht, und die damit verbundene Verantwortung ihrer Worte und ihres Verhaltens, bewusst zu machen, wird leider versäumt.

Zu den eher einfachen Sachen gehörte folgender Fall. Eine Frau kam zu mir mit ihren zwei Hunden. Sie hatte zwei tolle Hunde. Sie hatte in den vergangenen Jahren ihre Hunde gut auf ihrem Lebensweg mitgenommen. Sie hatte sie sicher durchs Leben geführt. Sie hat sie sicherlich wunderbar erzogen. Ich habe auch keinen Zweifel daran, dass sie sich alle Mühe und alle Zeit dafür gegeben hatte. Und sie hatte auch keinerlei Probleme mit anderen Hunden. Warum waren sie dann bei mir? Das war eher der typische Grund, warum Menschen zu uns auf den Pfoten-Pfad kommen. Dann, wenn es drauf ankam, dann reagierten die Hunde eben nicht so, wie sie es tun sollten, um sicher am öffentlichen Leben teilnehmen zu können. Es war so diese typische Geschichte: zu Hause funktioniert alles ganz gut, die besten Hunde der Welt, nur draußen, dann...

Wir saßen zusammen auf den Hundeplatz und ihre beiden Hunde liefen über den Platz. Sie schnüffelten mal hier und mal da. Der eine oder andere Zaunpfosten wurde dabei markiert. Manchmal wurde vom anderen auch drüber markiert. Mal rannten sie ein Stück gemeinsam, dann trabten sie neben einander her. Es war sehr schnell zu sehen, dass die beiden sich einig waren. Die beiden waren sich klar miteinander. Und es war auch zu sehen, dass quasi permanent der eine beim jeweils anderen im Kopf war. Es war zu sehen, dass jeder bei jeder Entscheidung den anderen mit einbezog. Und es war zu sehen, wer von beiden letztendlich das Sagen hatte. Ich holte meine Brenda dazu, um zu sehen, wie die beiden in Zusammenhang mit anderen Hunden reagieren. Brenda ist einige Jahre älter als die beiden. Ein Fakt, den man nicht unterschätzen darf. Die beiden rannten sofort zu Brenda, als sie auf den Platz kam. Kurz vor ihr bremsten sie ab und näherten sich vorsichtig. Alle drei waren entspannt. Sie beschnüffelten sich gegenseitig im Analbereich. Als einer der beiden Brenda zu dicht auf die Pelle rückte, fixierte Brenda ihn kurz, er ließ sofort von seinem Vorhaben ab und zeigte Respekt. Mit Autorität hatten die beiden offensichtlich auch kein Problem, auch nicht mit respektvollem Verhalten anderen gegenüber.

Und bei all dem, was ich jetzt hier aufzähle, bemerkt der beobachtende Mitleser sofort, dass die Frau in diesem ganzen Szenario überhaupt nicht vorkam. Selbst nach über 20 Minuten, in denen ich mit der Frau ihren typischen Tagesablauf durchgesprochen hatte, hatten sich die beiden Hunde nicht für sie interessiert. Sie lagen an einer ganz anderen Ecke des Platzes. Aber nicht in ihrer Nähe. Auch während der ganzen Zeit waren sie nur einmal vorbeigekommen, um sich eine Streicheleinheit abzuholen. Mehr aber auch nicht. Wie kann sowas passieren? Das ist etwas Typisches, was man oft gerade bei Mehrhundehaltern sieht. Die beiden Hunde sind sich klar, weil sie quasi rund um die Uhr zusammen sind. Und der Mensch ist bei den beiden irgendwie nur ein Anhängsel. Der Butler. Er ist außen vor statt mittendrin.

Wie kann sowas passieren, dass der Mensch plötzlich nur noch Gast ist? Statt mittendrin nur noch dabei? Das kann die unterschiedlichsten Ursachen haben. In diesem Fall waren die Ursachen schnell gefunden. Die erste Ursache war die geschlossene Hundebox im Auto. Hier waren die Hunde wieder beide auf sich gestellt, sie hatten gar keine Chance, sich mit ihren Menschen auseinanderzusetzen. Durch eine solche Box sind die Hunde quasi räumlich getrennt von den anderen Mitfahrern. Sind für sich. Auf sich selbst gestellt in ihrem eigenem Abteil. Dabei ist das eine wunderbare Chance bei jeder Fahrt für jeden Menschen. Gemeinschaft. Zusammengehörigkeit. Vertrauen. Der Mensch führt den Hund durch schwierige Situationen. Und das passiert praktisch bei jeder Autofahrt. Und sie nimmt die beiden oft im Auto mit. Bei so ziemlich jeder Autofahrt gibt es Situationen, in denen der Hund unruhig, oder gar unsicher wird. In diesem Falle war es nun so, dass in diesen Situationen die beiden Hunde durch die räumliche Abtrennung auf sich selbst gestellt waren. Sie mussten sich auf sich selbst verlassen. Und das konnten sie auch. Der Mensch kam gar nicht darin vor. Warum sollte sie sich dann also in den anderen Situationen auf ihren Menschen verlassen? Sie hatten gar keinen Grund dazu. Sie konnten doch selber offensichtlich diese Situationen gut meistern. Wofür braucht man dann noch einen Menschen? Und die zweite Maßnahme war, dass die Hunde in Zukunft mit im Schlafzimmer schliefen. Hier gilt ähnliches wie für das Auto und die Transportbox. Schlafen die Hunde in einem anderen Raum, sperre ich sie also im Grunde genommen weg, so gilt auch hier, dass die beiden Hunde die ganze Nacht über permanent in ihren Köpfen sind. Aber kein Mensch. Nicht ihr Mensch. Allein durch diese einfache Maßnahme, dass die Hunde mit ins Schlafzimmer kommen, kann ich erreichen, dass die Hunde sich zwangsläufig anfangen müssen, mit mir zu beschäftigen. Nur durch meine Anwesenheit. Eine Situation, die du, lieber Leser, im Grunde genommen kennst. Stell dir vor, du bist mit einem guten Freund zusammen bei einer Tasse Kaffee. Ihr beiden seid allein. Ihr erzählt. Von früher. Von anderen Bekannten. Dieses und jenes, Belangloses oder auch nicht. Ihr genießt den Kuchen. Den Duft des warmen Kuchens in eurer Nase. Dazu der Duft des frischen Kaffee. Die vertraute Stimme des Gegenübers. In diesen Momenten seid ihr euch klar. Du und dein Freund, ihr seid euch einig. Das Gefühl von Vertrautheit. Und nun kommt jemand dazu. Ob ihr diesen jemand kennt oder nicht, spielt gar keine Rolle. Ihr fangt automatisch an, euer Verhalten zu verändern. Euer Denken zu verändern. Ihr fangt automatisch an, ob ihr wollt oder nicht, diese Person, die dazu gekommen ist, mit einzubeziehen. Mindestens in eure Gedanken. Womöglich sogar aktiv durch die Veränderung eures Verhaltens. Durch die Veränderung eures körperlichen Ausdrucks. Und genauso ergeht es den beiden Hunden in diesem Beispiel. Sie mussten nun durch die veränderten Maßnahmen im Auto und im

Schlafzimmer sich viel mehr und viel intensiver mit ihrem Menschen auseinandersetzen. Und diese beiden Maßnahmen reichten, dass die Frau mir nach einer Woche berichtete, dass ihre Hunde ihr gegenüber wie verwandelt seien. Sie wären nicht nur kuscheliger und schmusiger, sondern auch viel folgsamer und aufmerksamer. Auf einmal würden sie in Situationen, in denen sie vor einer Woche noch gemacht haben, was sie wollten, auf sie hören. Sie könne ihre Hunde jetzt in Situationen abrufen oder hinsetzen lassen, wo es noch vor einer Woche unmöglich war. Überraschen tut das nicht, wenn man einmal die Sicht des Hundes annimmt. Und nicht versucht, das Verhalten des Hundes zu trainieren. Denn die Hunde konnten schon alles. Es war nur der Mensch, der in ihren Gedanken nicht vorkam.

Und solltest du, lieber Leser, dich nun in der anfangs beschriebenen Situation der Frau wiederfinden und genau diese Maßnahmen durchführen mit der Hoffnung auf Erfolg, dann wirst du sehr wahrscheinlich enttäuscht werden. Denn diese Maßnahmen, die Behebung dieser Ursachen, führen nur dann zum Erfolg, wenn es genau zu den Hunden passt. Sonst nicht. Jeder Hund ist anders, wie eben auch jeder Mensch anders ist. Und aus deiner Lebenserfahrung weißt du genau, dass es keine allgemeingültige Gebrauchsanweisung für Beziehungen gibt. In diesem Fall reicht es schon, wenn dein Hund ein wenig respektloser ist, als die beiden. Oder er ein Stück weit unsensibler oder sensibler ist. Dann reichen diese beiden Maßnahmen nicht mehr.

ERWÄHNENSWERTE ERZÄHLUNGEN VON HUNDEHALTERN

Bea, ein süßer kleiner Wuschelmischling, rehbraun und kaum größer als ein Cocker Spaniel, mit ebensolchen Ohren und einer ebensolchen Nase. Sie hat ein sehr kindliches Gesicht, welches exakt die typischen menschlichen Emotionen anspricht. Die kleine Bea ist sehr keck und sehr vorwitzig. Eines Tages gelang es ihr in genau den Raum zu kommen, in dem ihr Frauchen über viele Monate und womöglich auch Jahre die verschiedensten kleinen Tütchen voll mit Futterproben von Hundefutter aufbewahrt hat. Aufbewahrt, um diese mal als Leckerchen zu verfüttern. Aufbewahrt in einem braunen Karton, aus dem es für Bea so wunderbar roch. Die kleine Bea zog mit ihrer Pfote den Karton zu sich heran, mit ihrer Nase schob sie sich unter den Deckel um diesen hochzudrücken und zu öffnen. Und dann lagen sie auch schon vor ihr, die Dutzende kleinen, bunten, wohlriechenden Tütchen voller verschiedener Hundeleckereien. Bea machte sich gleich daran, diese zu öffnen. Sie nahm mit dem Maul eines heraus, ließ es auf den Boden fallen, stellte eine Pfote drauf, und nahm die Ecke der Plastiktüte zwischen die Zähne, zog ihren Kopf hoch, um damit den kleinen Plastikbeutel zu öffnen. Und so öffnete sie einen kleinen Futterprobenbeutel nach dem anderen und leerte diesen. Erst ein paar, und wenn man schon mal dabei war, immer mehr. Am Ende waren es mehrere Dutzend, so zählte Frauchen später noch. Und Bea war es deutlich anzusehen. Kugelrund wurde ihr Bauch. War ihr Bauch vorher noch nicht zu sehen, wenn man sie von vorne anschaute, weil ihr Kopf größer war, so hatte sich dies nun verändert. Wenn man sie nun von vorne anschaute, sah man vorne den Kopf, und dahinter den kugelrunden Bauch. Sie hatte sich im wahrsten Sinne des Wortes vollgestopft. Damit war für ihr Frauchen auch klar, dass es nun erst mal kein weiteres Futter für die kleine Bea gab. In dem Haushalt lebten noch zwei weitere, große Hunde. Diese beiden hatten von der Vollstopfaktion der kleinen Bea nichts mitbekommen. Und nun wollte das Frauchen von Bea ihr nachhaltig mitteilen, warum sie nun kein Futter bekommen würde, aber die anderen beiden schon. Dazu ging sie wie folgt vor: als es Fütterungszeit war, bekamen die anderen beiden Hunde ganz normal wie jeden Tag ihr Futter in den Napf. Nur die kleine Bea nicht. Die bekam statt Futter die leeren Plastiktüten der Futterprobenbeutel in ihren Napf. Dies sollte sie an ihre Schandtaten erinnern und warum sie kein Futter bekam. Ob Bea das wohl verstanden hat? Ob sie wohl jemals wieder Futter stibitzt hat?

WO BEI MIR DIE GRENZEN LIEGEN

Eine solche Geschichte, die mir meine Grenzen aufzeigt, mit starken Emotionen, persönlichen Schicksalen und einhergehendem Frust erlebte ich mit einer Frau aus unserer Region.

Giesela war frisch in ihre wohlverdiente Rente gegangen. Zusammen mit ihrem Mann waren sie aus Mecklenburg in unsere Region gezogen, um hier ihren Lebensabend zu verbringen. Man findet hier im Cuxland häufiger Menschen, die hierher ziehen, um hier an der Küste ihren Lebensabend zu verbringen. Gisela erfüllte sich zusammen mit ihrem Mann eine Art Lebenstraum. Sie kauften sich bei uns im Cuxland einen Resthof. Diesen renovierten sie nach ihren eigenen Vorstellungen. Und zu dem perfekten Glück gehörte natürlich noch ein Hund. In all den Jahrzehnten ihres Arbeitslebens hatten sie sich einen Hund gewünscht. Aber sie meinten, sie hätten nie die nötige Zeit für einen Hund gehabt. Das sei jetzt anders. Jetzt hätten sie Zeit für einen Hund. Und deswegen hatten sie einen Hund aus dem Tierheim zu sich genommen. Lange haben sie sich auf diesen Moment gefreut. Die Rente, der Hof und der Hund. Dummerweise war dem Hund das egal. Er tat das, was er immer tat. Er machte sein eigenes Ding. Er war vier Jahre alt und es offensichtlich gewohnt, seine eigenen Entscheidungen zu treffen und seine eigenen Grenzen zu ziehen. Menschen kamen, außer ihm Futter zu geben, in seiner Gedankenwelt nicht vor. Und das war der Auslöser, an dem ich ins Spiel kam. Gisela stellte mir ihren Hund vor. Wir bieten ein kostenloses Vorgespräch an, an dem die Menschen mir ihren Hund zeigen können und ich manchmal schon nach Ursachen suche und Möglichkeiten der Ursachenbehebung aufzeige. Und in einem solchen Gespräch stellte Gisela mir ihren Rüden Jack vor. Auch wenn es schon ein paar Jahre her ist, so erinnere ich mich noch gut daran, wie Jack den ganzen Platz bestimmt zehnmal abgesucht hatte, während ich mit Gisela sprach, ohne dass Jack auch nur ein einziges Mal nach Gisela geschaut hatte. Er war es eben gewohnt, sein eigenes Ding zu machen. Und das war auch die Problematik auf deren Hof. Er kam nicht, wenn man ihn rief. Er blieb nicht auf dem Hof. Den ganzen Hof einzäunen war nicht möglich. Er reagierte ungehalten, wenn man in der Nähe seines Fressnapfes vorbeiging. Er knurrte, zeigt dabei die Zähne, sein Blick fixierte. Er machte klar, dass er in dieser Situation respektvolle Distanz einforderte. Ob der Napf gefüllt war, oder nicht spielte keine Rolle. Und wenn er angeleint werden sollte, und er dazu keine Lust hatte, dann zeigte er dies sehr deutlich mit seinen Zähnen. Dann hackte er auch schon mal soweit in Arm oder Hände zu, dass blaue Flecken und Schürfungen ein Andenken daran waren. Er wusste genau, was er wollte und wusste genau, wie er das durchsetzen konnte. Er wusste, wie man sich als Hund Respekt verschafft und war dabei sehr diszipliniert und zielstrebig. Wenn man einen Hund aus dem Tierheim nimmt, dann kann einem das schon mal passieren, dass man einen solchen Hund erwischt. Hunde aus dem Tierheim sind eben immer auch ein Stück weit eine Wundertüte. Selbst Probespaziergänge geben dann nicht immer eine entsprechende Sicherheit. Manchmal entpuppt sich der wahre Charakter des Hundes erst nach einigen Tagen im neuen Zuhause. Und so, wie es Hunde aus dem Tierheim gibt, die wunderbar zu einem Menschen oder in eine Familie passen, gibt es auch Hunde, die sich als egozentrisch oder gar als „Arschloch" entpuppen. Hunde sind da nicht die besseren Menschen.

Ich zeigte Gisela einen Weg auf, den wir gemeinsam gehen wollten, damit wir Jack wenigstens so weit bekommen, dass er durch sein Verhalten nicht eine Gefahr für sich oder die Umwelt darstellt. Dazu trafen wir uns einmal die Woche zu Einzelstunden. Es war die zweite oder die dritte Stunde, in der ich sie fragte, was sie all die Jahre beruflich gemacht hat und was sie jetzt hier machen würde, außer den Hof zu renovieren. Sie erzählte mir von ihrem Berufsleben, Verwaltungsfachangestellte bei einer Behörde. Sie erzählte mir davon, wie schwer ihre letzten Jahre waren. Wie sie von Kollegen geschnitten wurden, die gerne ihren Arbeitsplatz in der Behörde gehabt hätten. Wie sie ausgegrenzt wurde von den Kollegen. Ich vermute mal, dass sie gemobbt wurde. Denn ihr leicht devotes, zurückhaltendes Auftreten sprach dafür. Zudem bemerkte ich immer wieder Glaubenssätze in ihren Erzählungen, die offenbarten, dass sie sich selbst immer sehr zurücknimmt, sich Harmonie wünscht und jegliche Konfrontation, Auseinandersetzung lieber vermeidet und sich stattdessen fügt. Ich sagte ihr: „Du bist bei einer Familienfeier immer diejenige, die den Kuchen backt und verteilt und als letztes sich ein Stück nimmt, nicht wahr?" Sie senkte wortlos ihren Blick. „Du glaubst, du müsstest dich für andere aufopfern." Gisela wich weiter meinem Blick aus und erzählte mir, wie sie in dem Resthof sich ein kleines Zimmer eingerichtet hat, eine ehemalige Abstellkammer, wenige Quadratmeter, für ihr Hobby. Das Stricken. Ihr Mann hat sich quasi den Rest des Hofes genommen für sich und seine Interessen.

In einer weiteren Einzelstunde wunderte ich mich, dass in manchen Bereichen, speziell dem Rückruf, wir nicht vorankamen. Dies musste eine Ursache haben und so forschte ich dann nochmal intensiv nach, was Jack denn tagsüber so machen würde. Dabei kam dann in einem Nebensatz heraus, dass ihr Mann den Hund tagsüber mit auf den Hof nehmen würde und dort könne Jack dann den ganzen Tag machen, was er wolle. Ihr Mann würde sich immer wieder darüber ärgern, dass der Hund nicht hören würde, wo er doch schon so viel Geld für mich ausgeben würde. Wie sich später noch herausstellen sollte, war es ihr Geld, denn ihr Mann hat in seinem Leben nie gearbeitet. Mich irritierte, dass sich sofort ihre Stimme veränderte, als sie von ihrem Mann sprach. Auf meine Fragen, was der

Mann denn machen würde, wenn er Jack zurückruft und Jack nicht kommen würde. „Nichts!", antwortete mir Giesela. „Dein Mann muss aber schon ein Stück weit mitziehen, wenn er Jack mit hinausnimmt, er hat dann die Verantwortung für ihn". „Nein", sagte Gisela, „mein Mann will nur, dass der Hund mit herumrennt und auf dem Hof bleibt und kommt, wenn man ihn ruft. Ansonsten will er sich nicht drum kümmern. Das wäre meine Aufgabe, dem Hund das beizubringen". Ihr Mann wollte nur, dass der Hund funktioniert, ohne sich darum kümmern zu müssen, dass es funktioniert, ohne sich anstrengen zu müssen oder Verantwortung zu übernehmen. Sicherlich gibt es den einen oder anderen Hund, mit dem man so vorgehen kann, aber wie wohl jeder Hundehalter weiß, ist eine solche Konstellation mit dem Ziel, einen zuverlässigen Hund zu haben, zum Scheitern verurteilt.

In der nächsten Stunde suchte ich wieder das Gespräch mit ihr. Solange ihr Mann das Ganze sabotiert, ist es tatsächlich herausgeschmissenes Geld und verplemperte Zeit. Ich fragte Gisela, was ihr Mann denn für Hobbys hätte. Und Gisela begann zu erzählen. Alte Traktoren waren sein Hobby, die er restaurierte. Drei an der Zahl hat er auf dem Hof stehen, und dann ratterte sie mir die ganzen technischen Bezeichnungen und Daten der Traktoren herunter. Die Modellbezeichnungen, Motordaten und Typen, Baujahre und so weiter. Ich war erstaunt. Dafür, dass sie keinerlei Interesse daran hatte, kannte sie sich erstaunlich gut aus. Ihr Mann würde das erwarten, erklärte sie mir. Und er würde sie auch regelmäßig abfragen, aber das sei kein Problem, sie könne ja gut lernen und sich Zahlen merken. „Kennt er sich denn auch so in deinem Hobby aus? Dem Stricken?" fragte ich die Giesela. „Nein, das wirst du nicht erleben." antwortete sie mit einem verlegenen Lachen.

In der nächsten Stunde die wir hatten, musste sie bereits einige Minuten früher nach Hause. Sie wollte also gar nicht die ganze Stunde in Anspruch nehmen. Das erstaunte mich, war sie doch sonst eher so, dass sie lieber etwas länger blieb. Ich fragte sie nach ihren Beweggründen. „Das Essen muss pünktlich auf den Tisch. Wenn das nicht pünktlich auf dem Tisch steht, dann wird er ärgerlich, das mag er nicht!" Ich fragte sie, wie denn dieser Ärger aussehen würde. „Er ist so aufbrausend, aber sonst ein ganz lieber Mann." Und dann fuhr sie zügig los, damit das Essen für ihren Mann pünktlich auf dem Tisch steht.

Diese Aussage musste ich erst mal verarbeiten. Zornige Menschen werden gerne auch mal handgreiflich. Egozentrische Menschen, und um so einen musste es sich wohl handeln, interessieren sich nicht für die Interessen ihrer Mitmenschen, sondern erzählen ungefragt von ihren Interessen und wie toll sie doch sind. Zu Handgreiflichkeiten passte ebenso das punktuelle Make-Up, das sie immer wieder in verschiedenen Bereichen ihres Gesichtes trug. Und es passt, dass er sich bedienen lässt. Er sie herabwürdigt. Und, wie es wohl die meisten von euch Lesern tun würden, nahm ich mir vor, ihr Hilfe anzubieten und sprach sie in der nächsten Stunde darauf an. Ich sagte ihr, dass sie die Handgreiflichkeiten sich nicht gefallen lassen müsse. Sie schaute mich überrascht an. Sie war verwundert, dass ich das bemerkt hatte, versuchte sie dies doch immer gut zu verstecken. Ich zeigte ihr auf, dass sie doch das Geld nach Hause bringen würde und damit die Macht zu Hause hätte, ihrem Mann im Zweifel den Geldhahn zuzudrehen. Dass sie doch genug Mittel hätte, ihren Mann zu verlassen. Ich zeigte ihr auf, dass ihr Mann sich doch einen Dreck für sie interessieren würde, sie würde alle Details seines Hobbys kennen und er nicht mal wirklich wissen, was ihr Hobby ist und sie am Ende dafür auch noch verprügeln. Er würde den ganzen Hof für sich in Anspruch nehmen, und sie hätte nur die kleine Abstellkammer. In der sie auch schlafen würde, wie sie hinzufügte. Ich legte ihr nahe, dass sie ihren Mann verlassen sollte, denn ein solches Verhalten bräuchte sie nicht zu ertragen. Gisela entgegnete mir mit leiser Stimme nur: „Und wer soll ihn dann versorgen? Er hat doch niemanden außer mich."

Gisela lebt noch heute auf dem Hof mit ihrem Mann. Vermutlich wird sie sich noch immer verprügeln lassen, wie schon die Jahrzehnte zuvor. Wie ich von anderen hörte, war der Hund wohl eines Tages nicht mehr da. Du kannst einem Menschen nicht helfen, der sich nicht helfen lassen will.

Diese Geschichte steht stellvertretend für die Frauen, die ich hier kennengelernt habe und die unter häuslicher Gewalt litten. Einigen konnte ich helfen, Mut machen, ihren Mann anzuzeigen oder zu verlassen. Anderen nicht, wie zum Beispiel Gisela. Und dann stehst du davor und kannst nur zuschauen. Es gibt leider auch Menschen, die lassen sich von einem Gänseblümchen herumschubsen und sagen anschließend „Danke". Denen gelingt es nicht, sich gegen andere Menschen durchzusetzen.

Am meisten half den Frauen, die in einer solchen Lage und bereit für Veränderungen waren, dass sie mit mir zusammen gelernt haben, sich durchzusetzen. Erst bei ihrem Hund, und das haben sie dann automatisch oder mit meiner Hilfe auf ihre Familie und Umwelt übertragen. Manchmal dauerte dieser Prozess nur wenige Tage, manchmal Wochen, manchmal aber auch Jahre.

Und manchmal erlebte ich Ehemänner, die mich beschimpften, beleidigten, bedrohten. Sie wollten ihre alten Ehefrauen zurück. Die Ehefrauen, die sie waren, bevor sie bei uns waren. Doch das geht in den meisten Fällen nicht mehr.

Manchmal setzen die Menschen alles um, was du ihnen sagst. Sie möchten gerne ihre Situation verändern. Du findest auch alle Ursachen, die die Beziehung zwischen Mensch und Hund beeinträchtigen. Doch dann musst du dir eingestehen, dass dort Ursachen dabei sind, bei denen es nicht in deiner Macht steht, diese zu beheben.

Dies ergab sich unter anderem bei einem jungen Paar aus der Mitte der Republik. Sie waren kinderlos und hatten mehrere Hunde, die sich sehr rüpelhaft benahmen. Häufig dienen in so einem Fall die Hunde als Kinderersatz. Doch das war hier nicht gegeben. Die Hunde wurden von dem jungen Paar schon sehr sachlich als Hunde gesehen. Jeder dieser Hunde kam aus einem anderen südosteuropäischen Staat. In solchen Fällen ist es oftmals so, dass die Vergangenheit der Hunde bis ins Hier und Jetzt hineinreicht, weil sie sich so in den Köpfen der Menschen mit ihrer Fantasie und Vorstellungskraft verselbstständigt haben. Sie haben sich ausgemalt, was die Hunde alles Schlimmes erlebt haben. Doch auch das war hier nicht der Fall. Dies war nicht die Ursache für das Verhalten der Hunde. Selbst die anderen üblichen Ursachen, die dafür sorgen können, dass die Hunde sich rüpelhaft aufführen, sich manchmal wie kleine Terroristen benehmen und erst recht keine Grenzen des Menschen nachhaltig akzeptieren, waren hier nicht zu finden. So musste ich also einen anderen Weg einschlagen. Ich musste irgendwo anders ansetzen, um die Ursache für das Verhalten der Hunde zu finden.

Das junge Pärchen war auch klar in ihrem Auftreten gegenüber ihren Hunden. Und nachdem wir auch die Klarheit innerhalb der Definitionen der Kommandos erreicht hatten, war schnell zu sehen, dass sich die Hunde anfingen zu verändern. Wir hatten also eine der Ursachen gefunden für das Verhalten der Hunde.

Aber dieser eine Grund war es nicht. Nicht alleine. Es musste noch andere Gründe geben. Und so suchte ich weiter. Und während wir nun mit den Hunden bei uns über den Hof liefen, fing ich über einfache Dialoge an, nach anderen möglichen Ursachen zu suchen. Ursachen, die nicht in Zusammenhang mit Hunden standen, sondern in dem Leben des jungen Pärchens zu finden sein mussten.

Während wir durch unser Medemstade liefen, redete ich mit ihnen. Ich stellte Fragen. Über die Antworten erfuhr ich nach und nach immer mehr. Ich hakte hier und dort mal nach und an den Reaktionen, sowohl an der Körpersprache als auch an dem, was sie mir antworteten, erfuhr ich immer mehr. Dabei war gerade die Körpersprache der Frau schwierig zu lesen. Sie war zwar noch keine 30, dennoch hat sie sich angewöhnt, keine Emotionen nach außen dringen zu lassen. Sie hatte eine so starke Fassade aufgebaut, quasi eine Maske, um nur ja keine Emotionen nach außen zuzulassen. Ihr Blick war immer der gleiche, egal in welcher Situation. Auch in den Augen der Frau konnte man nur sehr selten eine Reaktion erkennen. Meistens bekam ich nur eine Rückmeldung über die Mundwinkel der Frau. Manchmal noch über die Backenmuskulatur, wenn sie sich anspannte. Und je nach dem, was ich sagte, konnte ich dann über die Mundwinkel sehen, ob es passte, was ich sagte, oder ob es nicht passte. Denn Worte bekam ich nicht mehr zu hören, sie war den Tränen zu nah. Zu dicht dran war ich bereits an den tiefer sitzenden Ursachen. Die Frau konnte schon nicht mehr sprechen, ohne dass es aus ihr herausbrach, sie in Tränen versank.

Ich tastete mich so nach und nach zu immer mehr Ursachen in dem Leben dieses jungen Pärchens. Und nach und nach wurden die Augen dabei auch immer feuchter. Es flossen immer wieder Tränen. Und nach und nach brach dann aus ihr heraus, was sich schon länger seinen Weg nach draußen suchte, aber immer nur unterdrückt wurde. Es kam dabei zu Tage, dass die Frau ihren Beruf zwar sehr mochte, aber eben an der aktuellen Arbeitsstätte nicht. Dass sie das Haus, in dem sie lebten, nicht mochte. Von außen sei es zwar ganz schön, aber eben von innen nicht. Der Mann mochte den Ort, sogar die ganze Gegend nicht, in die sie gezogen waren. Als sie die Entscheidung getroffen hatten, dort hinzuziehen, war ihnen nicht klar, wie sehr es sie stören würde. Er konnte dort seinem Hobby nicht nachgehen, so wie er es gerne hätte. Und sie konnte dort nicht so mit ihren Inlineskatern fahren, ihr großes Hobby, wie sie es sich wünschte. Es fehlten dort halt aktuell die Gegebenheiten. Und das war ihnen nicht bewusst, als sie die Entscheidung trafen, dort hinzuziehen. Dazu kam dann noch, dass eine Freundin sie bestohlen hatte. Verrat von entgegengebrachtem Vertrauen. Und all diese Dinge führten dazu, dass auch das junge Pärchen sich immer öfter stritt. Und diese gesamte Situation, die so energiegeladen war, übertrug sich natürlich auch auf die Hunde. Dies darf man gerne mit einer Familie vergleichen, in der die Eltern immer wieder streiten und unzufrieden mit ihren Lebensverhältnissen sind. Auch dies wird sich auf die Kinder übertragen. Die Kinder, auch wenn sie nicht direkt davon betroffen sind, spüren und erleben die Energie. die von ihren Eltern ausgeht. Und genauso ist es mit Hunden. Die Hunde spüren die Energie, die von ihrem Menschen ausgeht. Diese Energien machen etwas mit den Hunden. Und in diesem Fall machte es mit den Hunden, dass sie keine Regeln und Grenzen akzeptierten. Und solange die aktuelle Situation so anhält, werden sie kaum eine Chance haben, das Verhalten der Hunde nachhaltig zu ändern. Die Ursachen lagen aber außerhalb meiner Macht sie zu lösen und zu nehmen. Hier musste das Pärchen selbst aktiv werden. Aktiv tätig werden dadurch, dass sie ihre Wohnsituation verändern durch einen Umzug. Denn nur dadurch können sie wieder zu innerer Ausgeglichenheit und Frieden finden. Eine der Grundvoraussetzungen für eine intensive und wundervolle Beziehung zu seinem Hund.

Eine Frau kam aus Bayern zu einem Wochenseminar zu mir. Zu Beginn des Gespräches sagte sie mir einen typischen und schon hunderte Male gehörten Satz: „Eckard, du bist meine letzte Hoffnung!" Ihr Hund war ein kleiner Mischling namens Max. Ein bisschen größer als ein Jack Russel vielleicht, schwarz-weiß gefärbt, mit kurzem Fell und dunklen Augen. 3 Jahre war er jung und hatte ein quirliges, neugieriges Wesen. Gutmütig dazu. Sie hatten sich gesucht und gefunden, die beiden passten zusammen. Die Frau kam zu mir, da es Probleme in der Leinenführung gab. Sie hatte in ihrer Region einige Hundeschulen besucht und auch ein ganzes Wochenendseminar an einer örtlichen Hundeschule absolviert, doch ihre spezielle Problematik wurde nicht behoben. Max konnte vernünftig bei Fuß gehen, das wurde mir schnell klar. Er war eben gut erzogen. Und er war ansonsten sehr unproblematisch. Dennoch kam es immer wieder dazu, dass Max hier und da mal an der Leine zog. Er zog, ohne dass es ein erkennbares Muster gab. Es war ganz unvermittelt, dass er auf einmal nach vorne oder zur Seite heftig zog. Es musste auch gar nicht unbedingt sein, dass er dort etwas inspizieren oder markieren wollte. Sicherlich, manchmal schon, aber eben auch keine Grundsätzlichkeit.

Nachdem wir eine halbe Stunde bei uns die Straße entlang gelaufen waren, durch die norddeutsche Landschaft, wo man so weit schauen kann, während ich die beiden beobachtete, hatte ich den Eindruck, dass er zwischendrin einfach nur vergessen hat, dass er nicht an der Leine ziehen soll. Denn wenn sie ihn daran erinnerte, dann war Max sofort wieder wie aus dem Bilderbuch leinenführig.

Wir begaben uns an die Ursachenforschung. Ich fing an, Fragen zu stellen zu ihrem Leben, dem Tagesablauf und dergleichen mehr. Wir kamen in ein lebhaftes Gespräch. Dabei stellte sich heraus, dass die Frau vor zwei Jahren einen Unfall hatte. Seitdem war sie nicht mehr sicher auf den Beinen. Dies war auch der Hintergrund, warum dieses plötzliche in die Leine springen so problematisch für sie war. Sie sorgte sich, dass sie dabei hinfallen könne. Dies war bereits einige Male vorgekommen. Wie ich in dem Gespräch merkte, legte sie immer wieder Konzentrationsschwächen an den Tag. Manchmal für Bruchteile von Sekunden, manchmal auch bis zu einer Sekunde, war sie geistig abwesend. Das bemerkte ich dadurch, dass sie völlig unvermittelt in eine andere Richtung schaute, quasi ins Nichts. Man sah dann auch keine Regung mehr in ihrem Gesicht. Im Zusammenhang mit ihrem Max sah das dann so aus: Sie geht geradeaus einen Weg entlang, ihr Unterbewusstsein führt die Schritte aus, und auf einmal bemerkt die Frau, dass sie völlig abwesend war.

Ich sprach sie darauf an. Sie erklärte mir, dass diese Konzentrationsschwächen daraus resultieren, dass ihr Gehirn bei dem Unfall in Mitleidenschaft gezogen wurde. Und wenn sie aufgeregt oder sehr angespannt sei, dann nahmen diese Schwächen zu. Ihr Unterbewusstsein bewältigte dann alle weiteren anstehenden Aufgaben, wie z.B. das Zubinden der Schuhe, mir in unseren Gesprächen weiter Zuhören oder einen Weg weiter entlang gehen. Ich vermutete, dass dies mit eine der Ursachen sei, dass der Hund manchmal unvermittelt an der Leine zog. Dass der Hund das Verhalten der Frau nachahmte, was man öfters bei Hunden beobachten kann, die emotional eng mit ihren Menschen verbunden sind. Max spiegelte sein Frauchen in einer gewissen Art und Weise. Ich überprüfte meine Annahme dadurch, dass ich mit dem Hund an der Leine ein Stück weit spazieren ging. Ich ging mit ihm eine Viertelstunde bei uns die Straße entlang. Vorbei an den Höfen und Häusern mit den anderen Hunden und Katzen. Vögel, die nur wenige Meter von uns plötzlich los flogen. Kühe, die auf der Weide standen. Schafe, die ganz nah an den Zaun kamen, um zu sehen, mit wem ich denn heute die Straße entlang laufe. Und dann auch wieder viele hundert Meter die Straße entlang ohne jegliche Ablenkung, von dem Wind, der uns um die Ohren wehte, mal abgesehen. Max zog nicht ein einziges Mal an der Leine. Dies bestätigte meine Vermutung. Der Hund spiegelte sein Frauchen im Zusammenhang mit den Konzentrationsschwächen. Ich habe dann noch einen Trainer von uns mit Max losgeschickt, der von alldem nichts wusste. Dies war mir wichtig, damit nicht die Gedanken des Trainers in diesem Fall das Ergebnis beeinflussen. Und auch hier das gleiche Ergebnis wie zuvor mit mir. Max zog auf einem Spaziergang von fast 20 Minuten kein einziges Mal an der Leine. Damit war also eine der Ursachen gefunden. Doch wie sollte ich diese Ursache beheben? Die Konzentrationsfähigkeit des Hundes könnten wir erhöhen. Doch das behebt in diesem Fall nicht die Ursache. Die Folgen ihres Unfalls konnten wir nicht beheben. Und solange wird sie in Zusammenhang mit diesem Hund auch immer wieder das Problem haben, dass der Hund plötzlich und unvermittelt an der Leine ziehen wird, genauso wie sie plötzlich und unvermittelt einen Konzentrationseinbruch hat. Dennoch war die Frau froh über das Ergebnis, wusste sie doch nun endlich, woran es lag. Das war eine Erleichterung für sie. Das einzige, was ich ihr an die Hand geben konnte, war eine Ruckdämpferleine. Die Frau testete die Leine bei mir bei einem Spaziergang. Sie war eine spürbare Erleichterung für alle Beteiligten. In diesem Fall für Mensch und Hund und wenigstens etwas, womit ich ihr helfen konnte.

Wenn Menschen die Dinge nicht umsetzen, die du ihnen sagst, bist du machtlos. Du kannst ihnen zwar aufzeigen, wohin es führen wird, wenn es schlimm läuft, zu einer Katastrophe. Aber dennoch setzen sie nicht um, was du ihnen sagst, obwohl sie zu dir gekommen sind, um deine Hilfe zu beanspruchen. Obwohl sie dir dafür sogar einen Haufen Geld zahlen. Du kannst ihnen ausmalen, in welcher schlimmen Katastrophe es enden wird. Und sie lächeln dich an und sagen dir, dass das doch alles gut ist. Ja, so entgegnest du ihnen, es ist jetzt noch gut, aber es kann sich auch jederzeit ändern.

Stellvertretend für das beschriebene Szenario möchte ich die Geschichte erzählen von Stefan Dohrmann mit seinen Rüden Stedo, die Abkürzung für Stefan

Dohrmann und Bido, die Abkürzung vom Namen seiner Frau Birgit Dohrmann. Beide Doggen-Mischlings-Rüden wogen mindestens 50 Kilo. Einzeln, nicht zusammen! Und sie wogen nicht so viel, weil sie fett gefüttert waren. Sie waren schon beide kernige und stattliche Repräsentanten ihrer Rasse. Stefan kam mit seinen beiden Rüden zu mir mit der Bitte, dass sie doch etwas besser an der Leine gehen mögen und dass sie doch bitte nicht mehr alles vom Boden fressen sollten.

Das vernünftig an der Leine gehen, also das Fuß gehen, haben wir sehr schnell in den Griff bekommen. Doch was das Fressen vom Boden anbelangt, so wollten beide Rüden das Verbot nicht akzeptieren. Es war klar vom Verhalten der Hunde abzulesen, dass sie wussten, dass sie es nicht durften. Doch sie akzeptierten dieses Verbot einfach nicht. Im Gegenteil. Egal, in welcher Art und Weise er auch versuchte, die beiden Rüden durch ein Verbot zu begrenzen, quittierten sie es sofort durch ein entsprechendes Knurren oder auch hin und wieder dadurch, dass sie nach ihm schnappten. Auf dem Hundeplatz selbst fielen sie dadurch auf, dass die beiden, sobald sie von der Leine gelassen wurden, völlig hemmungslos über den Hundeplatz rannten. Und wenn ein Mensch im Weg stand, so musste dieser zur Seite springen, denn sie hätten den Menschen sonst respektlos im wahrsten Sinne des Wortes über den Haufen gerannt. Wenn die beiden losrannten, hielt ich mich schon an einem Pfeiler des Unterstandes auf dem Hundeplatz fest, um nicht hinzufallen. Auch Tische und Stühle waren keine Hindernisse, um die man aus Sicht der beiden Rüden hätte herumlaufen müssen. Bänke kippten um, Stühle flogen durch die Luft und Tische wurden verrückt. Hier kam ganz klar auf, dass die beiden Rüden zu wenig Bewegung hatten. Ich erklärte es Stefan, und er entgegnete mir, dass die beiden doch den ganzen Tag bei ihm in dem großen Garten herumtoben könnten, wenn sie der Ansicht seien, dass sie zu wenig Bewegung hätten. Aber dort spielen sie nur manchmal zusammen und ansonsten gammeln sie nur rum.

Wenn man gewollt hätte, dass der Hund im Garten lebt, dann hätte man ihn „canis hortensis" genannt und nicht „canis familiaris". (Eberhard Trumler)

Ich erklärte ihm die Zusammenhänge und empfahl ihm, mit den beiden Hunden jeden Tag doch eine Runde Fahrrad zu fahren, noch besser die beiden einen Scooter ziehen zu lassen. Ich weiß, dass dies keine kleine finanzielle Investition ist, doch war hier das Finanzielle kein Thema. Und es kann mega-viel Spaß bringen, mit dem Scooter durch die Landschaft zu preschen. Spaß pur für Mensch und Hund. Glückliche, strahlende Gesichter nach einer Tour, weil es so viel Spaß macht. Er wolle sich das durch den Kopf gehen lassen und drüber nachdenken, mit anderen Worten: Nee, da habe ich nicht so viel Lust zu. Er meinte damit nicht so sehr das Scootern sondern mehr, dass er sich dabei ja körperlich bewegen müsste.

Ich fragte Stefan, wo sie denn die Nacht verbringen würden. Im Erdgeschoss, so erklärte er mir, damit sie eventuelle unerwünschte Besucher entsprechend empfangen. Ich erklärte ihm, dass es auch in diesem Zusammenhang besser wäre, die Hunde bei sich oben schlafen zu lassen, am besten im Schlafzimmer. Denn auch hier würde das Gleiche gelten, wie für das alleine im Garten laufen lassen. Er grenzt sich selbst von seinen Hunden ab und fördert ein so genanntes „Innerartliches Rudel." Außerdem ist die Sinnesleistung der Hunde dermaßen hoch, dass es für sie eine Kleinigkeit ist, auch vom Obergeschoss aus mitzubekommen, ob sich jemand ums Haus herum bewegt, der dort nicht hingehört. Er entgegnete mir dann dazu, dass seine Hunde auch nur sehr ungern die Treppe hoch gehen würden und er sie dann tragen müsste. Wenn seine Hunde ihm vertrauen, dann gehen sie auch mit ihm die Treppe hoch, wenn er es ihnen sagt, denn wo er lang gehen könne, da können es auch seine Hunde. Aber das hörte er schon offensichtlich nicht mehr, denn da hatte er sich schon weggedreht.

Später erklärte ich ihm auch noch, dass das Gleiche für seine beiden Transportboxen in seinem Auto gilt. Auch hier würde eine wunderbare Möglichkeit vergeben, seinen Hunden zu zeigen, dass auch er dazugehört, und nicht nur Chauffeur ist. Stattdessen isoliert er sie in den Transportboxen.

In den folgenden Einzelstunden, verteilt über die kommenden Wochen, war keine Veränderung des Verhaltens der Hunde zu erkennen. Ich sprach ihn immer wieder auf die genannten Dinge an. Ich bekam dann immer zur Antwort, dass Zuhause alles gut sei. Er würde sie doch mehr bewegen, und zwar dadurch, dass er Futter durch den Garten schmeißen und die Hunde dann mehr hinterher rennen müssten, um das Futter zu suchen. Ich war natürlich über diese Maßnahme einerseits etwas erfreut, verschaffte er seinen Hunden doch wenigstens dadurch etwas mehr Bewegung am Tag, als er es bislang tat, aber andererseits war es natürlich echt blöd, denn er kam mit dem Ziel zu mir, dass die Hunde nichts mehr vom Boden nehmen sollten, und nun trainierte er sie geradezu, am Boden nach Futter zu suchen und dieses zu fressen. Nachdem ich ihm die Zusammenhänge erklärte, leuchtete ihm ein, dass die Idee mit dem Futter durch den Garten werfen wohl doch nicht so gut sei. Und er fragte mich wieder, wie er sie denn dann bewegen solle. Ich schlug ihm wieder vor, zum Beispiel Fahrrad zu fahren oder sich auf Inlineskates ziehen zu lassen oder sich einen Scooter oder Ähnliches zuzulegen, denn seine beiden großen Rüden hätten genug Kraft, diesen zu ziehen. Ich wies ihn nochmals darauf hin, dass, wenn er die Dinge nicht ändern würde, vor allem auch bei sich zuhause die Dinge, es noch zu einem schweren Unfall kommen würde. Aber das mochte Stefan nicht hören. Ich konnte nur sehen, wie die beiden Rüden von Stunde zu Stunde, von Woche zu Woche, ihm gegenüber respektloser und immer rabiater wurden. Ich wies ihn in den Einzelsituation immer wieder darauf hin, und als Antwort bekam ich wie immer zu hören, dass Zuhause alles gut funktionieren würde. Das wäre nur hier bei uns auf dem Hundeplatz so. Kein Wunder, denn woanders, als zu unserem Hundeplatz fuhr er mittlerweile mit den Hunden auch nicht mehr hin, weil sie die ganze Zeit im Auto bellen und heulen würden, so gab Stefan mir Auskunft. Meinen Einwand, dass jedoch immer noch die beiden Transportboxen im Auto seien, den überhörte er wieder geflissentlich.

Und so passierte das, was einfach mal irgendwann passieren musste. Denn Stefan steuerte geradewegs darauf zu. Als ein Paketdienstfahrer ihm ein Paket bringen wollte, da wollten seine beiden großen Rüden zu dem Paketboten rennen. Dies wollte er dadurch unterbinden, dass er sie ins Sitz bringen wollte. Er hielt einen der beiden Rüden am Halsband fest beugte sich leicht über ihn und sagte ihm, dass er sich hinsetzen sollte. Der Rüde wollte jedoch nicht, was er dadurch zum Ausdruck brachte, dass er hoch sprang, in Richtung seines Gesichts biss, sich dadurch von Stefan losriss und dann anfing, ihn weiter zu beißen und zu traktieren. Sofort war der andere Rüde auch zur Stelle und machte mit, an der Seite seines Hundekumpels. Sie hatten sich regelrecht auf ihn gestürzt. Nun war quasi der Moment da, an dem die beiden Rüden Stefan unmissverständlich klarmachen wollten, wer denn nun hier sagt, wo es lang geht. Er hatte in den letzten Wochen und Monaten den beiden Rüden gegenüber ja gezeigt, dass er nicht in der Lage ist zu führen. Deswegen hatten die beiden Rüden das Zepter des Führens übernommen und Stefan durch diese Attacke gezeigt, wo er steht. Der Paketdienstfahrer war so mutig und half Stefan aus dieser misslichen Lage und verhinderte dadurch Schlimmeres. Stefan hatte hinterher viele Einschläge von Zähnen in seinem Körper. An den Armen, Händen, Fingern und am Oberschenkel. Die Wunden wurden anschließend im Krankenhaus behandelt. Sein einziger Kommentar dazu war folgender: Das heilt ja schnell wieder ab.

ER KANN NICHT ALLEINE BLEIBEN

Es erstaunt mich noch nach so vielen Jahren immer wieder, was Menschen für einen Aufwand betreiben mit dem Versuch, ihren Hund zu überlisten. Mir ist klar, dass, wenn der Leidensdruck nur hoch genug ist, man dann nach jedem Strohhalm greift. So auch diese junge Frau aus Bremerhaven, die mir ihren „Problemhund" vorstellte. Ihr Hund bellte und bellte wenn er alleine zu Hause bleiben musste. Die Lebenssituation der Frau veränderte sich, so dass ihr Hund nun manchmal auch ein paar Stunden alleine bleiben musste. Ich fragte sie, was sie denn bislang getan habe, um ihm zu erklären, dass er nur still sein sollte. Sie erzählte mir folgendes Vorgehen, das man zuletzt mit ihr in einer Bremerhavener Hundeschule erarbeitet hatte: Die Frau geht mit dem Hund aus der Wohnung heraus und macht einen kleinen Spaziergang durch den nahe gelegenen Grünbereich. In der Zwischenzeit kommt die Nachbarin in ihre Wohnung und versteckt sich im Abstellraum mit einer Spritzpistole voller Wasser. Die Frau kommt mit ihrem Hund zurück zu ihrer Wohnung und geht hinein. Dort leint sie den Hund ab und verlässt die Wohnung wieder. Nach ein bis zwei Minuten fängt der Hund an zu bellen. Die Nachbarin springt dann beim ersten Bellen mit wildem Getöse aus der Abstellkammer heraus, spritzt den Hund nass, und springt wieder zurück in die Abstellkammer, so dass er nicht weiß, woher die Strafe kommt, so die Idee. Der Hund sei dann jedes Mal so schockiert, dass er dann überhaupt nicht weiß, was passiert ist, so die Überlegung. Eine reine Symptombehandlung. Die Frau glaubte tatsächlich, dass der Hund nicht wüsste, dass die Nachbarin in der Wohnung ist. Als könnte er das nicht riechen, er kennt ja ihren Geruch, als könne er nicht die Atmung des Menschen hören, das Rascheln der Kleidung am Menschen hören, von den kleinsten Bewegungen. Hat das Ganze denn etwas gebracht? Nein, deswegen ist dann ja die Frau auch zu uns gekommen. Wir haben ihr geholfen. Nach wenigen Tagen verblieb ihr Hund still in ihrer Wohnung. Der interessierte Leser möchte nun sicherlich wissen, was denn die Ursache für dieses Bellen war, wenn er alleine blieb. Die Ursache war damals schnell gefunden: Er traute seinem Frauchen nicht zu, dass sie auf sich selbst aufpassen könne. Wenn sie aus dem Haus ging, war er voller Sorge, ob sie heil wieder nach Hause kommen würde. Nachdem sie ihm erklärte, dass sie das kann, konnte er beruhigt und gelassen alleine zu Hause bleiben, ohne Spektakel, und musste sich keine Sorgen mehr um ihre Gesundheit und ihr Überleben machen.

ERLEBNISSE AUF DEM HUNDEPLATZ

DIE SCHLAMMSCHUHE

Ein Nachmittag im Herbst. Es ist diesig, die Sonne war den ganzen Tag nicht zu sehen. Es ist feucht. Und wenn man länger draußen ist, ist die Kleidung bald klamm. Eben ein typischer norddeutscher Herbstnachmittag. Man trägt Schuhe mit dicken Profilen. Der Boden ist weich. Mit diesen Schuhen hat man Halt. Und wenn man mit ihnen geht, dann hört man das Schlürfen des leicht matschigen Bodens. Der Dreck des Untergrundes bleibt in den Profilen der Schuhe kleben. Und wenn dann die Hundeschule vorbei ist, und man ins Auto steigen will, so ist man gut beraten, wenn man dann ein paar Ersatzschuhe dabei hat. Dumm ist nur, wenn man dann nicht an eine Tüte gedacht hat, in die man die schmutzigen, schlammigen Schuhe vom Hundeplatz hineinstecken kann. Einfach so in den Wagen stellen? Nicht doch, er wird dreckig. Es reicht doch schon, dass der Hund das Auto von innen beschmutzt. Aber nicht doch auch noch die Schuhe. Aber was tun? Natürlich. Die Schuhe säubern. Was denn sonst. Mit etwas Wasser. Und wo findet man Wasser? Na klar, auf dem Hundeplatz. Dort steht doch der große Wassernapf für die Hunde. Man geht dorthin. Die Schuhe nur so weit hinein, dass die Sohlen nass werden, nicht aber der Schuh. Schwingt sie ein paar Mal von links nach rechts, damit das reinigende Wasser auch durch die ganzen tiefen Profile der Schuhe strömen kann. Und schwupps, sind die zuvor modrigen Schuhe sauber. Jetzt sind zwar die Schuhe, die man eben am Auto angezogen hat, dreckig, aber das ist ja nicht so schlimm, das ist ja nur ein bisschen Dreck, die haben ja nur eine flache Sohle. Ob die Hunde das stört, dass nun in ihrem zuvor sauberen Wassernapf nun ein Gemisch aus Sand, kleinsten Kieseln und anderen Bodenbelägen herum schwimmt? Ach was, warum sollte die das stören, die trinken doch schließlich auch überall aus den dreckigen Pfützen.

SEIN LIEBLINGSWASSER

Es ist ein sommerlicher Samstagvormittag. Agility. Eine schöne angenehme leichte Brise weht über den Hundeplatz. Die Temperaturen sind noch nicht zu warm, so dass wir gut einige Durchgänge im Agility absolvieren können. Selbstverständlich bieten wir den Hunden zwischen den Durchgängen immer die Gelegenheit, etwas zu trinken. Eine Frau mit einem kleinen Hund geht zu ihrem Auto, holt eine Flasche und einen keinen Napf dazu. Sie geht damit zu dem blauen

Tisch, der bei uns auf dem Hundeplatz steht. Sie stellt den Napf auf den Tisch. Ich kann das Etikett lesen. Es ist ionisiertes Bio-Wasser aus dem Alpenvorland, das über Aktivkohle gefiltert wurde. Ich verfalle wieder in ein leichtes Staunen, was es nicht alles so für den Hund von Welt heutzutage gibt. Und ich muss dabei unwillkürlich wieder an den Gründer von Fressnapf denken, dessen Grundkonzept es war, dass die Menschen für ihren Hund in seinen Geschäften genau so eine vielfältige Auswahl vorfinden, wie sie es von ihrem eigenen Supermarkt gewohnt sind. Als der Napf voll ist, stellt sie ihn unter den Tisch. Sie ruft ihren Hund zu sich. „Bübilein, komm mal schnell, mach mal schön hier Schlapp Schlapp, das ist das Wasser, das du so gerne magst." Ich frage die Frau, was denn gegen das Wasser hier auf dem Hundeplatz einzuwenden sei. Sie schaut mich mit großen Augen an und entgegnet mir: „gar nichts, aber das mag mein Hund nicht. Er trinkt das ja nicht, und er wartet sonst immer, bis wir zu Hause sind und er dann sein Wasser bekommt, was er so gerne mag." Ein gut erzogener Mensch.

WAHRNEHMUNGEN

Es gibt eine Reihe von psychologischen Untersuchungen darüber, wie Menschen reagieren, wenn sie Nachrichten bekommen, die in irgendeiner Weise ihre innersten Überzeugungen in Unruhe bringen. Es stellt sich heraus, dass die kognitiven Teile des Gehirns gar nicht angeschaltet werden, sobald diese innersten Überzeugungen durch äußere Informationen betroffen sind. Also die Teile des Gehirns, in denen eine rationale Einordnung des Gehörten oder Gesehenen stattfinden. Dann wird nur das sogenannte Tagträumergehirn eingeschaltet. Und das beschäftigt sich allein damit, wer wir sind. Wenn die Identität getroffen wird, überfordern uns komplexe, aufeinander aufgebaute Argumentationen. Die innersten Überzeugungen sind evolutionär extrem gut abgesichert.

Das durfte ich bei Sonja mit ihrem Hund Paul erleben. Paul war ein aus Rumänien geretteter Hund und nun acht Monate jung. Er war schon jetzt eine imposante Erscheinung. 30 kg brachte er locker auf die Waage, kein Gramm zuviel auf den Rippen, schneeweiß das gesamte Fell, und der Kopf passte in das sogenannte Kampfhundschema, um einen äußerlichen Eindruck zu beschreiben. Um gleich Klischees vorzubeugen, ich habe genug dieser sogenannten Kampfhunderassen erlebt und es ist immer eine Frage der Haltung, was aus ihnen wird. So können sie auch regelrechte Kampfschmuser sein. Doch das war hier nicht der Fall, um das gleich vorweg zu nehmen.

Sonja fuhr zu uns, weil sie spürte, dass etwas aus den Fugen geriet, wie sie am Telefon sagte. Sie käme mit Paul nicht weiter, meinte sie. „Er ist ein so unglaublich lieber Hund. Er hat so viel Potenzial, das würde ich gerne ausschöpfen. Gerne mit euch zusammen." Sie kam auf Empfehlung eines anderen Kunden zu uns.

Bei uns auf dem Hof angekommen, begrüßten wir uns. Währenddessen sah ich Paul schon durch die Scheiben des PKW, eines geräumigen Vans. Er schaute mich ebenfalls an, Kopf erhoben, Rute ganz langsam steif hin und her wedelnd. Und eine wedelnde Rute ist kein Zeichen von Freude oder so. Wenn ich auf einen fremden Hof komme mit einem mir unbekannten Hund, der auf mich zu kommt, fühle ich mich bei einem Hund mit aufrecht stehender Rute bedeutend wohler, als bei einem Hund, der mit erhobener Rute wedelt. Womöglich noch mit gesenktem Kopf. Bei ersterem weiß ich, woran ich bin, bei zweitem nicht. Aber zurück zu Paul. „Ein ganz lieber Hund ist der Paul", erklärte sie mir gleich zu Beginn. „Und Therapiehund soll er mal werden, denn das Potenzial dazu hat er", so versicherte sie mir. „Woran machst du das fest?", fragte ich sie. Und sie erzählte mir weiter davon, wie wunderbar ihr Paul sei. Wie viel Empathie er doch besitzen würde, gerade im Umgang mit Kindern. Er würde Kinder regelrecht lieben. Er sei so vorsichtig mit Ihnen. So umsichtig. Nur gutherzig, und er könne sich so gut in die Kinder hineinversetzen. Er sei so sensibel. Großmütig mit einem ganz großen Herzen. Ich verstehe jeden Hundehalter, dass er seinen Hund über alles liebt und lobt. Das soll auch so sein. Man soll seinen Hund gerne haben. Und ich weiß auch, dass man in diesem Zusammenhang mit seinem eigenen Hund auch gerne mal etwas übertreibt, die Dinge auch durch einen gewissen Filter sieht. Das geht mir nicht anders. Und das bin ich auch gewohnt, wenn die Menschen zu mir kommen. Doch hier war das etwas mehr. Es war etwas dicker aufgetragen, als es sonst der Fall ist. Das machte mich schon stutzig. Es kam mir so vor, als wolle sie mit dieser überzogenen Lobhudelei etwas anderes überdecken. Ich bat sie, mit Paul auf unseren hinteren Hundeplatz zu gehen. Sie ging an die Heckklappe des Fahrzeuges und ich konnte schon sehen, bevor sie überhaupt die Heckklappe berührte, dass sie der Überzeugung war, ihr Paul wird herausspringen, wenn sie nur die Klappe öffnen würde. Ihre Bewegungen wurden langsamer, je näher sie der Heckklappe kam. Und dann öffnete sie die Heckklappe, aber nur einen kurzen Spalt, wenige Millimeter. Nicht mal ihre Finger passten da hindurch. Und ich sah der Haltung ihres steifen rechten Arm an, dass sie davon ausging, dass jeden Moment etwas gegen die Heckklappe drücken würde und zwar von innen. Wie ich später erfuhr, hatte sie auch allen Grund, das zu denken. Denn es war ihr zuvor schon passiert, dass Paul mit so einer Wucht gegen die Heckklappe sprang, dass die Heckklappe nach oben schoss und ihr Gesicht traf. Ihre Nase wurde dabei sehr heftig in Mitleidenschaft gezogen. Und so war es dann auch. Paul drückte mit all seiner Kraft gegen die Heckklappe, um aus dem Auto heraus zu gelangen. Sonja versuchte mit vielen verschiedenen Kommandos, Paul davon abzuhalten, weiter von innen gegen die Heckklappe zu drücken. Mit schriller Stimme in schneller Folge ertönten Worte: „Bleib, Paul, bleib, sei schön brav, bleib, nein, nicht, bleib, schön ruhig, schön brav." Mittlerweile benutzte sie beide Arme um die Heckklappe festzuhalten, damit Paul nicht hinaus stürzte. Sie schaute schnell zu mir und fragte mich, während sie schon wieder den Kopf zu Paul wandte, ob sie ihn nicht einfach laufen lassen könne. Er wäre ja ein ganz Lieber. Er würde nicht weglaufen. Es war nun mehr als offensichtlich, dass sie den bequemeren Weg gehen wollte. Dass sie keine Lust hatte, sich mit dem lieben Paul auseinanderzusetzen. Eine klare Vermeidungsstrategie. Da noch andere Hunde zugegen waren und auch andere Menschen, verneinte ich, denn so ganz genau wusste ich ja nun auch nicht, was mich erwartete. Ich konnte ihr die Enttäuschung regelrecht ansehen. Vorsichtig, Millimeter für Millimeter, öffnete sie weiter die Heckklappe. Als die Heckklappe eine Handbreit auf war, Paul von innen nach wie vor mit einem ungeduldigen Jaulen dagegen drückte, um sie aufzuhebeln, griff sie mit einer Hand hinein. Sie griff nach seinem Halsband, um ihn festzuhalten und mit der anderen Hand schnell die Klappe zu öffnen. Sie griff zu der Leine, die im Kofferraum lag, und leinte ihn mit geübten Handgriffen an. Dabei hielt sie immer noch mit der anderen Hand Paul fest, damit er nicht aus dem Kofferraum sprang. Nun aber angeleint, ließ sie ihn los und mit einem großen Satz sprang Paul aus dem Kofferraum heraus sofort in die Richtung der anderen Hunde. „Der tut denen aber nichts!", versicherte mir Sonja sofort, als Paul sie schon einige Meter an ihrem ausgestrecktem Arm hinter sich hergezogen hatte, zu anderen Hunden, die bei geöffnetem Kofferraum bei uns auf dem Hof auf ihren Menschen warteten. Die anderen Menschen hatten dieses Szenario mittlerweile mitbekommen, und gingen zu ihren Hunden, um sie von Paul abzuschirmen. Währenddessen wurde Sonja von Paul weiter mal nach links, mal nach rechts gezogen. Dabei nahm er keinerlei Rücksicht auf Sonja. Manches Mal machte sie einige Schritte hinter ihm her, da sie ihn nicht halten konnte. Er ist so aufgeregt, kommentierte sie sein Verhalten. Das stimmte, damit hatte sie völlig recht. Paul war sehr aufgeregt. Regelrecht aufgedreht. Ich ging voraus zu unserem hinteren Hundeplatz. Sie folgten mir, Paul dabei mal nach links und mal nach rechts ziehend. Manchmal blieb er spontan stehen, um zu schnuppern, manchmal auch, um zu markieren, und manchmal, wie aus dem Nichts, sprang er nach vorne oder hinten, wenn er dort wohl etwas gehört, gesehen oder gerochen hatte. Dabei musste Sonja dann oftmals mehrere Schritte machen, um das Gleichgewicht zu halten. Er verhielt sich, als wenn Sonja gar nicht existieren würde. Rücksichtslos und respektlos. Ich fragte Sonja, ob ihr Arm nicht weh tun würde. „Ja," sagte sie, nach Spaziergängen hätte sie immer eine schmerzende Schulter, führte sie weiter aus. „Das ist einer der

Gründe übrigens, warum ich hier bin.". Das hatte ich schon geahnt. Auf dem hinteren Hundeplatz angekommen, hörte Sonja mit großer Erleichterung, dass ich ihr sagte, sie könnte ihren Paul laufen lassen. Sie gab ihm drei oder vier Mal das Kommando Sitz, aber das überhörte er geflissentlich und blieb stehen. Dann ließ sie ihn laufen, ohne dass er sich hinsetzen musste. „Er ist ja so sensibel", wiederholte sie. „Mit dem muss man ganz vorsichtig arbeiten. Da muss man was von kennen, wenn man mit so einem Hund arbeitet. Denn er soll ja mal Therapiehund werden." Paul rannte quer über den Platz. Es gab so viel für ihn zu schnüffeln. Die Gerüche der vielen Hunde, die an diesem Tag schon über den Platz gerannt waren. die Gerüche der Hunde der letzten Tage, denn es hatte länger nicht geregnet. Und es hatten in der Zwischenzeit so viele Rüden markiert, da konnte er ja nicht nachstehen und hatte den Job, alles über zu markieren. Während all dem erzählte Sonja mir, wie toll doch ihr Hund sei.

Sie hatte bis zu diesem Zeitpunkt von sich aus nur lobende Worte für Paul gefunden. Die leise Kritik, z.B. an der Leinenführigkeit, das war ja nur, weil ich sie darauf hingewiesen hatte. Das hatte ich quasi provoziert. Aber ohne meine kleinen Provokationen in dieser Hinsicht war Paul einfach nur der beste Hund der Welt. Sie erzählte mir auch nochmals seine Karrierepläne. Ich war mir zu diesem Zeitpunkt nicht sicher, ob Paul auch so begeistert von diesen Plänen war. Aber Sonja war es. Und so erzählte sie mir genauestens, wie der Karriereplan von Paul aussah. Der Karriereplan für einen wunderbaren Therapiehund. Und kaum, dass sie mir das Finale der Karriere erzählt hatte, lief Paul plötzlich in gestrecktem Galopp über den Platz in meine Richtung. Man konnte den Sand sehen, wie er durch sein Rennen hinter ihm hoch geschmissen wurde. Etwas Unbehagen machte sich dabei in mir sehr schnell breit. Denn wenn dieser sensible Paul womöglich in diesem Moment einen doch etwas grobmotorischen Moment erwischte, dann war mir klar, dass ich in den nächsten Sekunden lang auf dem Boden liegen würde. Paul bremste von mir ab. So abrupt, dass Sand nach vorne durch die Luft wirbelte. Er wurde schlagartig langsamer. Er zog dabei, wie es die meisten Hunde machen, wenn sie stark abbremsen, die Hinterbeine bis unter den Bauch und die Vorderpfoten drückte er im diagonalen Winkel nach vorne weg. So bremsen Hunde aber nicht nur, sondern so setzen sie auch zu einem Sprung an. Und das tat Paul. Ich sah, wie er wie eine Feder sich vom Boden abdrückte, im Flug sein Maul öffnete und seinen Kopf zielgerichtet in Richtung meiner Kehle wandte. Ich konnte seine Zähne an meinem Hals spüren. Ich konnte sein Fell riechen. Sein Geruch zog mir in die Nase. Auch ohne einen Spiegel zu haben, war ich mir sicher, dass ich von einem Moment auf den anderen kreidebleich geworden war. Sonja lachte darüber. Ich war erschrocken. Sie erzählte mir, dass Paul dieses Spiel auch immer mit den Kindern machte, mit denen er zusammen spielte. Ich erschrak noch mehr. Er hätte das sogar mal mit einem Fahrradfahrer gemacht. Dabei machte er einen glücklichen Eindruck, schob sie hinterher. Ich fragte Sonja, was denn der Fahrradfahrer dazu gesagt hätte. Der hätte mit dem Fuß nach ihm getreten, dabei hatte er doch gar nicht verstanden, dass ihr Paul das doch nur lieb gemeint habe. Der wollte doch nur ein bisschen mit ihm spielen. Mein Einwand, dass nicht alle Fahrradfahrer dies mögen, wenn Hunde mit ihnen spielen, wurde ignoriert. Ich versuchte ihr dann zu erklären, was Paul gerade bei mir gemacht hatte. Dass nicht viel gefehlt hätte, denn er hätte nur sein Maul um wenige Zentimeter schließen müssen, als er an meinem Hals war, und ich hätte nun schwerste Verletzungen. Womöglich Verletzungen, die lebensbedrohlich wären. Darauf meinte sie: „Das hat er doch noch nie gemacht. Nein, das ist seine Art anderen zu zeigen, wie gerne er sie hat. Wie eben auch die Kinder." Ich versuchte ihr zu erklären, dass dies mit lieb haben nichts zu tun hat, sondern höchst gefährlich sei. Und sie im Grunde genommen Glück hätte, dass noch nie mehr passiert ist. Vermutlich, weil die Beteiligten immer bislang besonnen reagiert haben. Nein, meinte sie, ihr Paul sei einfach nur so intelligent. Die anderen würden das halt nicht verstehen. Die würden sich nicht mit Hunden auskennen. Aber ich, ich sollte das doch verstehen. Nein, ich verstand das nicht. Für mich war das ganze Szenario, was sich mir da bot, zutiefst fragwürdig, ein wenig skurril. Ich konnte mir auch nicht vorstellen, dass es bei ihnen zu Hause nicht auch schon zu entsprechenden Vorfällen gekommen sei. Ich konnte mir nicht vorstellen, wie es ihr bei all den Strategien der Vermeidung bislang immer gelungen war, einem Konflikt, einer Streitigkeit aus dem Wege zu gehen. Mir war aber auch klar, dass, wenn ich sie fragte, sie das abstreiten würde, aus den eingangs genannten Gründen. Also musste ich schauen, was ihre Körpersprache mir so sagt. Während wir noch über Paul redeten, Belangloses, über dies und das, z.B. über welche Tierschutzorganisation er nach Deutschland gekommen ist und so weiter, achtete ich auf ihre Körpersprache. Paul war nun merklich mehr in unserer Nähe. Er schubberte sich manchmal an ihr, wie an einem Kratzbaum. Das schien ihr nichts auszumachen. Für sie war das ein Liebesbeweis ihres Hundes. Ich konnte auch keine Anspannung oder eine Verkrampfung bei ihr erkennen in dieser Situation. Ich schaute aber weiter. Paul lief um uns herum. Selten ein größerer Abstand als zwei bis drei Meter. Manchmal rempelte er mich genauso an, wie Sonja. Aber auch dabei konnte ich bei Sonja keine körperlichen Signale finden, die darauf hindeuten, dass es zu Hause zu einem entsprechenden Vorfall gekommen wäre. Sie schaute beim Sprechen noch weiterhin zu mir, was Menschen sonst mit so einem Hintergrund in einer solchen Situation nicht machen. Die schauen dann eher runter. Und wieder schlich Paul um uns herum. Diesmal versuchte er sich von hinten zwischen die Beine von Sonja zu drängeln und damit wieder Körperkontakt und Streicheleinheiten einzufordern. Und dann fiel es mir auf. Sonja bewegte sich langsamer als noch vorhin am Auto, in dem Paul saß. Ihre Bewegungen waren langsam und weich. Nichts

Schnelles, nichts Abruptes, nichts Hektisches. Bewegungen, die man normalerweise von Menschen, die aufgeregt sind, erwarten würde. Und Sonja war aufgeregt. Alle Menschen in dieser Situation sind aufgeregt. Die Vorfreude, die Spannung, wie ich wohl sein und was ich ihnen sagen würde. All das führte zu einer gewissen Aufregung und damit auch zu entsprechenden Arm- und Handbewegungen. Dies fehlte bei Sonja völlig. War das Zufall? Oder war sie etwa doch nicht aufgeregt? Ich schaute nochmals auf ihre Augen. Diese gingen schnell hin und her, was für Aufregung sprach. Auch die Geschwindigkeit des Sprechens sprach für eine tendenzielle Aufregung. Auch ihre Mundwinkel sprachen dafür. Aber alles unterhalb ihres Kopfes sprach nicht dafür. Mir war aber auch klar, dass, wenn ich das Gespräch darauf lenken würde, sie vorsichtig darauf ansprechen würde, sie es abstreiten würde. Wissen tat ich es natürlich nicht, aber ich konnte dennoch davon ausgehen, dass sie nicht zugeben würde, dass es mit ihr zu entsprechenden Vorfällen gekommen ist. Deswegen musste ich anders ansetzen. Ich konfrontierte sie direkt und ohne Umschweife mit meinen Gedanken und dem was ich hier erlebt und an ihr gesehen hatte. Ich schaute sie an und sagte ihr: „Paul hat dich schon mal in deine Schranken gewiesen. Es gab bei dir zu Hause mindestens einen Vorfall, bei dem du dir nicht sicher warst, ob er dich attackieren würde." Die Augen von Sonja wurden groß. Damit war mir schon klar, irgendwas habe ich getroffen. Und dann sah ich ihr an, dass sie sich kurz sammelte und um Fassung rang. Nach wenigen Tagen, so erzählte sie mir dann, die Paul bei ihr zu Hause war, fütterte sie ihn und dann knurrte er sie an. Sie wollte ihn beruhigen und dabei streicheln. Sie legte beruhigend ihre Hand auf seinen Rücken. Aber das wollte Paul nicht. Er schmiss seinen Kopf nach hinten in Richtung ihres Armes und reaktionsschnell zog sie den Arm weg. Sonst hätte Paul vermutlich ihren Arm getroffen, wenn er es denn gewollt hätte. Aber das wäre ja ihre Schuld gewesen, erläuterte sie mir. Schließlich hätte sie Paul beim Fressen ja nicht stören dürfen. Niemand lässt sich gerne beim Essen stören. Und deswegen lässt sie ihn noch heute beim Fressen in Ruhe. Sie stellt das Futter in die Küche, während Paul im Flur warten muss, bei geschlossener Tür, sie öffnet dann die Tür, Paul springt aus dem Flur in die Küche hinein, mit zwei Sätzen stürzt er sich zum Futter, er schlingt es schmatzend herunter und sie springt schnell aus der Küche heraus, in den Flur, und schließt dabei hinter sich die Küchentür. Sie wartet dann ab, bis er mit dem Fressen fertig ist. Sie kann das durch die Tür hören. Sie hört, wenn Paul den Napf über die Küchenfliesen schiebt, das scheppernde Geräusch, wenn er dabei ist, seinen Napf leer zu schlecken und ihn dabei quer durch die Küche schiebt. Dann weiß sie, dass sie noch einen Moment warten muss und dann in aller Ruhe wieder die Küche betreten kann. Aber das war ja schließlich ihre Schuld. Es war ihre Schuld, denn sie hätte ihn damals beim Fressen nicht stören dürfen. Aber genau das würde doch seine besondere Sensibilität zeigen. Genau das wäre doch ein Ausdruck seiner starken Empathie. Seine besonderen Fähigkeiten, die ihn zu einem besonderen Therapiehund für Kinder machen würden. Er selber habe in Rumänien ja auch eine schlechte Kindheit gehabt. So könnte er sich doch wunderbar in die Kinder in dem Kinderheim hineinversetzen. Ich fragte schon mal vorsichtig nach, in welchem Kinderheim das sein soll. Damit ich das Kinderheim bei Bedarf warnen könnte. Aber nun war auch klar, dass es auch zu Hause einen entsprechenden Vorfall gegeben hatte. Und vermutlich gab es auch zu Hause noch mehr Vorfälle, die sie aber ebenso umdeutete, weil es ihren innersten Überzeugungen, ihrer eigenen Identität widersprach. Ihre Identität und ihre Überzeugungen wurden von Paul infrage gestellt. Und dies ließ ihre Psyche nicht zu. Deswegen verbarrikadierte sie sich hinter den verschiedenen Vermeidungsstrategien und erklärte sich die Dinge alle so, dass sie ihren Vorstellungen und Überzeugungen entsprachen. Ich redete mit ihr weiter. Manchmal über dieses oder über das, manchmal auch konkret über Paul. Ich versuchte eben noch mehr über die beiden zu erfahren. Über ihr Leben. Ich versuchte dabei, bestimmte Muster zu finden. Am meisten bei Sonja, denn die von Paul waren mir schon weitestgehend klar und bekannt. Ich konnte aber gleichzeitig auch nicht abstreiten, dass, wann immer Paul in unsere Richtung lief, ich in Abwehrstellung ging. Dies machte natürlich die Gesamtsituation nicht einfacher. Völlig klar. Und dies war mir auch bewusst. Aber in dieser Situation, ganz ehrlich, da war mir das egal. Denn eigentlich war das Kind mit Paul schon in den Brunnen gefallen. Nur Sonja hatte es noch nicht realisiert. Und immer wieder bat sie mich in dem weiteren Gespräch, ihr doch dabei zu helfen, dass Paul eben dieser wunderbare Therapiehund wird, den sie in ihm sah. Zum jetzigen Zeitpunkt war sie aber vermutlich die einzige, die das in ihm sehen konnte. Denn alle anderen, die Paul bislang kennengelernt haben, hielten lieber Abstand von ihm. Ich gab ihr den Rat, Paul in Zukunft erst mal von den Kindern fernzuhalten. Ich sagte ihr klar und deutlich, dass ich das für eine sehr schlechte Idee halte, Paul mit den Kindern spielen zu lassen. „Da wird Paul aber sehr traurig sein", entgegnete sie mir. Er liebe die Kinder doch so sehr. Und er würde doch so gerne mit ihnen spielen. Ich fragte sie dann noch, wie es denn aussehen würde, wenn Paul mit den Kindern spielt. Sie beschrieb es mir. Sehr ausführlich sogar. Wie einfühlsam und vorsichtig er mit den Kindern sei. Und was er sich alles von denen gefallen lassen würde. Er wäre ebenso ein gutmütiger Kerl. Ich fasse das hier nun mal so zusammen, was Sonja mir beschrieben hat. Paul rennt auf die Kinder zu, bremst vor ihnen ab, und schubst sie dann um, sodass sie hinfallen auf den Boden. Es stellt sich dann über sie, und manchmal schleckt er sie dann durchs Gesicht. Und wenn sie dann stark mit ihren Armen wedeln, dann beruhigt er sie immer, indem er ihnen durch das Gesicht schleckt. „Und manchmal, da spielt Paul mit den Kindern Verstecken." Er versteckt sich dann z.B. hinter einem Stuhl, und wenn dann ein Kind vorbeigelaufen kommt, dann rennt er los, und stupst das Kind in den Nacken, so dass er dem Kind damit anzeigt, siehst du, hier bin ich. Das ist eben seine Art von Versteckspielen. Und das würde er ja so gerne machen. Und die Kinder würden dabei immer so vergnüglich kreischen. Ich bin mir sicher, dass ich dich, lieber Leser, nicht darauf hinweisen muss, dass diese Beschreibungen eher darauf hindeuten, dass ein entsprechend hohes Eskalationspotential vorhanden ist, als dass es sich tatsächlich um ein Versteckspiel von Paul handelt. Kinder wedeln, wenn sie rennen oder laufen, mit den Armen. Das ist eine ungehemmte Bewegung, die die Kinder in diesem Moment ausführen. Sie führen sie aus, um z.B. das Gleichgewicht zu halten. Diese ungehemmte Bewegung ist unter Hunden verpönt, eine Provokation. Natürlich gibt es viele Hunde, die mit diesen Provokationen wunderbar umgehen können. Aber es gibt eben auch andere. Und das sollte man nicht vergessen. Und Paul war einer dieser anderen. Auch das Umschmeißen der Kinder und sich darüber stellen ist kein Spiel. Damit wollte Paul den kleinen Kindern, vermutlich in seinen Augen sowas wie Welpen, klar machen, dass das, was die Kinder taten, nicht richtig ist, aus seiner Sicht wohlgemerkt. Und warum sollte nicht seine Sicht der Dinge gelten? Wurde er doch von Sonja unbewusst zum Mittelpunkt des Universums gekürt. Ich bin mir auch nicht sicher, ob die Beschreibung von Sonja mit dem Lecken von Paul tatsächlich so zutrifft. Ich könnte mir auch gut vorstellen, dass dies in die Geschichte hinein interpretiert oder einfach nur dazu gedichtet wurde und es tatsächlich eher die Zähne waren.

Ich hatte genug gesehen und gehört. Ich kannte die Ursachen. Und mehr brauchte ich auch nicht selber sehen und erleben. Ich sprach mit ihr noch mal Klartext. Deutliche Worte. Und wer mich kennt, der weiß, dass ich kein Diplomat bin. Ich erklärte ihr, dass, wenn sie mit uns arbeiten möchte, sie das Weltbild von ihrem Hund drastisch ändern müsste. Dass sie eine Kehrtwendung in ihrem bisherigen Zusammenleben von vermutlich 180 Grad an den Tag legen müsste. Ich legte ihr dar, dass Paul nicht der liebe Paul war, für den sie ihn hielt. Ich zeigte ihr auf, dass Paul eher eine tickende Zeitbombe als ein Therapiehund ist. Und seine Zukunft im Moment wohl eher darin lag, zu explodieren, als als Therapiehund in die Geschichte einzugehen. Das musste Sonja erst mal schlucken und verdauen. Und diese Zeit, die sie dazu brauchte, gab ich ihr gerne. Ich machte ihr noch einen Kaffee fertig, mit etwas Milch und Zucker, so wie sie ihn vorher schon getrunken hatte und überreichte ihn ihr. Und dann sagte sie mir, dass sie erst mal eine rauchen müsste, denn das würde sie ganz anders sehen. Ich sagte ihr nochmals, dass sie das gerne anders sehen dürfe. Aber wenn sie mit uns zusammenarbeiten wolle, dann müsste sie ihre Sicht der Dinge dazu ändern. Denn Paul ist in der Realität nicht der, für den sie ihn hält. Und ich begann ihr die ganzen Dinge, die sie mir erzählt hatte, auch, in denen sie vermieden hatte, aus einem anderen Blickwinkel, nämlich dem von Paul, darzulegen.

Ich rechnete eigentlich nicht damit, dass sie sich noch am heutigen Tage entscheiden würde, ob sie den Weg mit uns zusammen gehen wollte, oder nicht. Ich hatte schließlich gerade eben ihre Illusion von ihrem Hund zerstört. Und das nimmt man nicht mal eben auf die leichte Schulter. Doch sie überraschte mich. Nachdem sie geraucht hatte, sie Kaffee getrunken hatte, wir über dieses und jenes erzählt hatten, sehr viel über Paul dabei, aber auch über Hunde allgemein, teilte sie mir schon mit, dass sie das angehen wollte. Dass sie es anpacken wollte, dass ihr Hund keine Gefahr für andere Menschen darstellt. Aber nur, wenn er am Ende auch ein guter Therapiehund werde. Nun, an uns würde das nicht scheitern.

Ich übergab unserer Trainerin Femke die Aufgabe, die beiden zu einem vertrauensvollen Team zu führen. Femke arbeitete mit ihr in Einzelstunden. Wir vereinbarten zunächst, dass sie acht Einzelstunden nehmen würde und sie dann schauen und sich drauf freuen könnte, was sich alles mit ihr und ihrem Paul tun würde. Ich war mir sicher, Sonja war skeptisch. Konnte ich auch verstehen. Nach all dem, was ihr gerade eben widerfahren war. Ihr Traum vom braven Hund, vom zukünftigen Therapiehund, durcheinander gebracht, in Frage gestellt, durch wenige Sätze und Worte von mir. Ich hatte auch gewusst, dass mir das nicht so einfach gelungen wäre, wenn sie nicht tief in sich drin irgendwo auch hier dieses Gefühl gehabt hätte. Wenn es ihr nicht eingeleuchtet hätte.

Femke begann mit ihr zu arbeiten. In der ersten Stunde sprachen die beiden miteinander. Sie sprachen noch mal über Paul. Über den Tagesablauf bei sich zu Hause. Über ihre Ziele, ihre Träume und Wünsche. Aber auch über die Realität. Und dann tat Femke das, was wir immer an diesem Punkt machen. Sie wollte die beiden in der Praxis kennenlernen. Da bat sie Sonja, Paul ins Sitz zu bringen. Und anhand dessen, wie sich Paul und Sonja verhielten, konnte dann Femke die beiden anleiten für die Zukunft. Femke bemerkte schnell, dass Sonja jemand war, die immer alles richtig machen wollte. Und zwar von Anfang an. Aber andererseits jemand war, die gerne Konflikte vermied. Sonja strebt nach Harmonie. Und das ist gerade im Zusammenhang und im Zusammenleben mit einem Hund nicht gerade so einfach. Denn in diesem Fall war es ja nun mal so, dass Sonja nun etwas Bestimmtes von ihrem Hund wollte, was sie vorher nicht von ihm wollte. Ich weiß, dass dieses harmonische Zusammenleben in glückseliger Form möglich ist. Aber dann sind auch die entsprechenden Zielsetzungen und Rahmenbedingungen des Menschen, die Vorstellungen des Menschen, entsprechend. Es passt dann zu dem Hund und zu dem Menschen. In diesem Fall passte es aber nicht zueinander. Das hatte sich in dem Gespräch mit mir schon herausgestellt und nun lag es an Femke, Sonja dahingehend zu ermutigen, auch mal Konflikte einzugehen und diese durchzustehen und für sich zu entscheiden. Und wenn es erst mal nur um ein einfaches, simples Sitz ging.

Femke leitete Sonja an, dass sie aufrecht stehend ihren Wünschen Paul gegenüber Nachdruck verleihen konnte. Damit einhergehend entwickelte Paul auch automatisch einen entsprechenden Respekt gegenüber Sonja. Gleichzeitig fing Femke in der zweiten Stunde an, die ersten Schritte im Zusammenhang mit der Leinenführung zu gehen. In der dritten Stunde zeigte Femke Sonja, wie sie das Vertrauen von Paul gewinnen konnte. Auch hierzu verwendete sie wiederum das einfache Sitz, weil es Femke am sinnvollsten erschien, die vorhergehende Simplizität des Unterrichts fortzusetzen. In dieser Stunde wurde auch noch weiter dran gearbeitet, dass Paul vernünftig an der Leine geht. Zu Beginn der vierten Stunde fragte dann Femke erst mal Sonja und Paul ab, wie denn nun das Gehen an der Leine funktionieren würde. Dazu schickte sie die beiden unsere Auffahrt entlang. Und es sah gut aus. Paul lief an der linken Seite von Sonja an durchhängender Leine die Auffahrt hoch und runter. Nun kam die Frage mit Hundebegegnungen. Auch dies war 20 Minuten später kein Problem mehr. Femke hat Sonja in diesen 20 Minuten darauf fokussiert, ihren eigenen Weg zu gehen, unabhängig davon, was um sie herum passiert. Da wir selber keine kleinen Kinder hier zur Verfügung haben in der Hundeschule, haben wir stattdessen Fahrräder und Kinderwagen genutzt. Denn im Vorfeld erzählte uns Sonja, dass Paul auch auf diese beiden Gerätschaften reagiert. Nach weiteren 20 Minuten war auch dies kein Problem mehr. Femke ging in diesem Zusammenhang genauso vor, wie mit den Hundebegegnungen. In der fünften Stunde begann Femke bei Paul das Tabu zu setzen. Während sich bis zu diesem Zeitpunkt Paul sehr kooperativ zeigte, gerne bereit war, Sonja zu folgen, zu tun, was Sonja wollte, war dies nun völlig anders. Femke suchte bewusst Futter aus, um den Konflikt für das Tabuisieren von Verhalten zu suchen. Femke wusste von meinen Erzählungen und auch von dem, was zwischenzeitlich Sonja ihr geschildert hatte, dass Sonja den Raum verlassen muss, wenn Paul in dem entsprechenden Zimmer frisst. Und so war er in den ersten zehn Minuten auch überhaupt nicht dazu bereit, es zu akzeptieren, dass er dieses Futter nicht haben durfte. Noch viel weniger war er bereit zu akzeptieren, dass er gar kein Futter haben durfte, auch das nicht, was um ihn herum lag. Auch das nicht, was andere ihm anboten. Man merkte ihm an, dass er sauer wurde. Dass er immer ärgerlicher wurde. Er war es gewohnt, seinen Willen zu bekommen. Notfalls mit einhergehender Körperlichkeit bis hin zur Gewaltandrohung. Er war es gewohnt, seinen Willen durchzusetzen. Und das gelang ihm jetzt nicht mehr. Paul erfuhr Frust. Womöglich für Paul etwas völlig Neues. Womöglich etwas, was er so in der Form in seinem Leben noch nicht erlebt, gefühlt hatte. Wenn ich mich jetzt weit aus dem Fenster lehnen möchte, dann kann ich auch schreiben, dass er in dem Moment wohl auch voller Zorn war. Aber jeder Hund muss, wie auch wir Menschen, lernen, mit Frust umzugehen. Lernen, dass es nicht immer nach dem eigenen Willen und den eigenen Vorstellungen und Wünschen geht. Und jetzt und hier war für Paul genau der Zeitpunkt, an dem auch er das lernen musste. Indem er auch das akzeptieren musste. An dem auch er das respektieren musste. Immer wieder fragte Paul nach. Er wollte an das Futter. Und immer wieder musste Sonja all ihr Selbstbewusstsein zusammenbringen, um ihm entgegenzutreten und ihm zu sagen, dass er das Futter nicht haben dürfte. Keine Leckerlies, kein Rohfutter, kein Fisch, kein Katzenfutter. Ich bin mir sicher, dass auch Femke ein wenig Angst um ihre Finger hatte, wenn sie ihm Futter aus ihrer Hand anbot. Diese Sorgen waren nicht unbegründet, ich habe Paul hinreichend beschrieben. Sonja musste bis an ihre Grenzen gehen, um sich bei Paul durchzusetzen. Und sie ging über ihre bisherigen Grenzen hinaus. Sie wuchs über sich hinaus. Und sie setzte sich durch. Am Ende nahm Paul kein Futter mehr. Kein Futter mehr, weil Sonja es sagte. Weil sie es von ihm einforderte. Er nahm kein Futter aus den Händen anderer Menschen. Nahm kein Futter vom Boden. Er nahm kein Futter, wenn man es ihm zuwarf. Die Beziehung zwischen den beiden hatte sich in den letzten 5 Unterrichtsstunden verändert. Sie hatte nun Kontrolle über Paul. Und sie hatte das Vertrauen von Paul. Das Vertrauen darin, dass sie die richtigen Entscheidungen für sein Leben trifft. Und sie hatte seinen Respekt. Und mit dem Respekt hatte sie auch die Gewissheit, dass er für niemanden mehr eine Gefahr werden würde. Und damit hatte sie auch seine Achtung. Seine Achtung dafür, dass er ihre Verbote nicht als Verbot ansah sondern als eine Leitlinie, damit er sicher durchs Leben gelangte. In den darauffolgenden 3 Unterrichtsstunden hatte Femke hauptsächlich das Bisherige wiederholt. Nebenbei hatten sie noch das Kommando Auto eingeführt, bei dem Paul auch bei geöffnetem Auto im Auto blieb, egal, was draußen um ihn herum passierte.

Paul wurde übrigens kein Therapiehund. Diese Pläne wurden aufgegeben.

MANCHMAL MUSS MAN UM DIE ECKE DENKEN

Wie ich schon an anderer Stelle schrieb, haben wir im Pfoten-Pfad keine Berührungsängste mit Menschen mit psychischem oder körperlichem Handicap. Zu den Menschen mit dem ersteren Handicap gehörte Karin mit ihrem Hund Devil. Devil machte seinem Namen keine Ehre, er war eigentlich ein sehr gutmütiger Hund. Eher ein sanftes Schaf. Er machte es Karin einfach. Er wurde nur missverstanden von ihr. Missverstanden, weil sie nicht wusste mit ihm umzugehen. Wir waren nicht die erste Hundeschule, an die sie sich wandte. Aber die anderen waren näher, und so unterschiedlich werden die schon nicht sein, so dachte sie. Falsch gedacht, wie sie alsbald bemerkte. Karin war eine Person, die mit Anweisungen nur schwer umgehen konnte. Sie blockierte dann innerlich und ging gegen denjenigen an, der ihr Anweisungen gab. Sie wurde dann schnippisch, leicht beleidigt, leicht zornig. Sie hatte nicht grundsätzlich ein Problem mit Autorität: So einfach war es nicht. Es war viel komplexer. Anweisungen brachten sie dazu, sich aufzuregen bis hin zum völligen Ausrasten. Ein einfaches: „Gehe mal die Auffahrt entlang" verlangte von ihr schon eine entsprechende Portion Energie, sich nicht gehen zu lassen und sich selbst zu beherrschen, unter Kontrolle zu halten. Es kostete sie viel Energie, einfache Empfehlungen anzunehmen. Das macht natürlich das gesamte Leben nicht gerade einfach. Auch nicht in einer Hundeschule. Vor allem, wenn die dortigen Verantwortlichen mal wieder nur auf den Hund schauen, statt sich auch mal um den Menschen zu kümmern. Aber wie geht man am besten mit solchen Situationen um, so dass es am Ende erfolgreich ist?

Um Karin und Devil zu einem Team zusammen zu bringen, ohne dass es Gefahr läuft, in einer Eskalation zu enden, wendete ich einen Trick an. Ich bat unseren damaligen Trainer-Azubi Femke dazu. Karin sagte ich, dass Femke mit ihr arbeiten würde. Tatsächlich war es so, dass ich Femke sagte, was nun zu tun sei, schließlich war sie zu dem Zeitpunkt ja noch eine Auszubildende. Dies hörte Karin, und sie setzte es ohne Widerstände um, da die Anweisungen ja an Femke gingen und nicht an sie. Sie hörte quasi nur dem Gespräch von zwei anderen Personen zu und machte das, was die beiden so miteinander besprachen. Ich sprach ja schließlich mit Femke und gab ihr die Anweisungen. So wurden Karin und Devil zu dem Team, wie sie es sich beide wünschten.

Eines Tages stand Gerd bei mir auf dem Hof. Gerade frisch wenige Monate in Rente. Einen jungen Hund an seiner Seite. Noch nicht ganz ein Jahr, habe ich damals richtig geschätzt. Er reichte ihm aber schon jetzt bis zu seinen Knien. Und das lag nicht daran, dass der Hunden besonders groß war, sondern eher, dass Gerd zu den kleineren Menschen gehörte. Sein Hund, dem er den Namen Max gegeben hatte, war eine Mischung aus allem, was so an einer großen Straße an Rassen auftauchen kann. Eine Senfmischung von einem in seiner Nähe gelegenen Bauernhof. Seine Anatomie schrie förmlich danach, zu rennen. Sie war ähnlich der eines Windhundes, nur sein Brustkorb und Kopf waren deutlich größer, nicht so windschnittig. Er hatte kurzes Fell, hellbraun mit einigen kleinen weißen Stellen dabei. Max war sehr unruhig. Er tippelte von einem Bein auf das andere. Sein Kopf ging in schnellen Bewegungen in alle möglichen Richtungen. Sitzen bleiben ging gar nicht. Er jiffelte und winselte dabei die gesamte Zeit vor sich hin. Er hatte die berühmten Hummeln im Hintern. Ich bat Gerd, mir zu folgen, mit mir auf den Hundeplatz zu gehen, damit dort Max rennen könnte. Kaum auf dem Hundeplatz angekommen, sagte ich Gerd, dass er seinen Max ruhig von der Leine nehmen könne. Es folgte ein kontrollierender Blick von Gerd über den Platz mit der Frage an mich, ob der Platz denn wirklich eingezäunt und dicht sei. „Ja," sagte ich, „bislang ist noch kein Hund hier weggelaufen." Abgeleint rannte Max den Platz rauf und runter, bestimmt ein dutzend Mal. „Was kann ich für dich tun, Gerd?", fragte ich ihn. Und dann erzählte er mir alles. Im Grunde genommen das Übliche. Max zieht viel an der Leine, er will zu allen anderen Hunden hin. Also eigentlich nichts Besonderes. Unser täglich Brot auf dem Pfoten-Pfad. Wir beschlossen nach einiger Zeit des Gespräches und ein paar Tassen Kaffee zusammenzuarbeiten. Es ging dann auch in Einzelstunden los. Nach den ersten drei Einzelstunden war schon wie üblich schnell die Veränderung am Hund zu sehen. Er lief besser an der Leine und hatte auch nicht mehr so das dringende Bedürfnis zu Artgenossen zu kommen. Was sich immer noch nicht verändert hatte, war seine Nervosität. Er war von Grund auf unruhig. Sein Verhalten an der Leine und auch gegenüber Artgenossen wurde auch in den nächsten drei Stunden merklich besser. Aber er war von Grund auf nervös. Das Gegenteil von ausgeglichen. Und er hatte starke Defizite in der Konzentration. Wir konnten seine Konzentrationsfähigkeit auch nicht aufbauen. Seine Konzentrationsfähigkeit bekamen wir kaum über zwei bis drei Minuten hinweg gesteigert. Und das ist sehr, sehr ungewöhnlich. So machte ich mir Gedanken, was hier denn los sein könnte. Es gab ansonsten keinerlei Anzeichen oder Symptome, die auf ein Fehlverhalten des Gehirnes von Max hindeuteten. War es vielleicht etwas Organisches? Eventuell im Zusammenhang mit der Schilddrüse? Ich bat Gerd, doch bitte einen Tierarzt aufzusuchen, der ein entsprechendes Blutbild von dem Hund bestimmt. Gerd kam meiner Bitte nach, nachdem ich ihm erklärt hatte, warum das unter Umständen von entscheidender Bedeutung sein kann. Bei unserem nächsten Treffen kam er schon mit dem Ergebnis. Alle Werte waren normal. Nur die in Zusammenhang mit der Schilddrüse, die wichen etwas ab. Aber auch nur minimal. So minimal, dass er mit der geringsten Dosierung an Schilddrüsenmedikamenten eingestellt werden konnte. Als wir uns dann das nächste Mal trafen, erzählte mir Gerd, dass man schon spüren würde, dass sein Max sich verändern würde. Er wäre nicht mehr ganz so hibbelig. Und wir konnten seine Konzentrationsfähigkeit auch ein wenig steigern. Aber an z.B. lächerliche 5 Minuten war noch immer nicht zu denken. Deswegen ging ich auch davon aus, dass der Placebo-Effekt gewirkt hat, im Zusammenhang mit den Medikamenten. Es musste also noch eine andere Ursache geben, dass Max so war, wie er war. Ich habe auch eine ganze Zeit hin und her überlegt, ob das nicht vielleicht einfach nur sein Temperament war. Aber nein, irgendwie konnte ich mir das nicht vorstellen. Dann hätte ich doch in all den Jahren zuvor schon mal so einen Hund erleben müssen. Das habe ich nicht. Deswegen hielt ich es auch nur für sehr unwahrscheinlich, dass es tatsächlich sein Temperament, sein Naturell war. Auch die Sache mit der Konzentrationsfähigkeit in diesem Zusammenhang irritierte mich. Irgendetwas schien Max in seinem Leben auszubremsen. Nur was konnte das sein? Während der Übungen fing ich immer wieder an, mit Gerd zu sprechen. Ich fragte ihn nach diesem und jenem in seinem Leben. Immer in der Hoffnung, etwas zu erfahren, was mich weiterbringen würde. Es musste einen Auslöser geben, nur welchen? Ich machte wieder ein paar Übungen, und während der Übungen fragte ich weiter Gerd über seinen Tagesablauf aus, über seine Gewohnheiten, was er gerne macht, was er nicht gerne macht und so weiter. Ich fand nichts. Und ich muss ehrlich sagen, dass ich an dieser Stelle auch ein wenig frustriert war. Ich versuchte dann die ganze Geschichte noch mal andersrum aufzuziehen und zu überdenken. Ich testete, inwieweit Gerd denn konzentrationsfähig war. Dass die Konzentrationsfähigkeit mit Mitte 60 nachlässt, das sollte nicht ungewöhnlich sein. Aus eigener Erfahrung kann ich das noch nicht beurteilen, aber wenn ich mal in dem Alter bin, werde ich es wissen. Und ich kann mir auch gut vorstellen, dass man das im Laufe der Zeit auch nicht bemerkt, dass nicht nur die körperlichen Fähigkeiten nachlassen, sondern auch die geistigen. Und so testete ich dann seine Konzentrationsfähigkeit. Was soll ich sagen, er konnte sich auch locker über eine Viertelstunde stark konzentrieren. Daran konnte es also auch nicht liegen. Und wenn du, lieber Leser, dich jetzt fragst, was die Konzentrationsfähigkeit von Gerd mit der Konzentrationsfähigkeit von Max zu tun hat, dann kann ich dir sagen, dass, wenn der Mensch nicht in der Lage ist, sich länger zu konzentrieren, der Hund es auch nicht sein wird. Und wenn du mich jetzt fragen möchtest, wie es dann z.B. im Zusammenhang mit geistig behinderten Kindern sein kann, dass die Hunde dabei ruhig und konzentriert arbeiten, dann kann ich dir antworten, dass es daran liegt, dass diese Hunde zuvor von anderen Menschen trainiert wurden, die eine lange Konzentrationsspanne aufrechterhalten konnten. Aber wieder zurück zu Gerd und seinem Max. Wir trafen uns nach einigen Tagen wieder zur nächsten Einzelstunde. Er erzählte mir, wie gut die Fortschritte seien. Was er schon alles erreicht hatte. An mehreren Hunden mit Fahrrad vorbei gefahren, ohne dass Max gezuckt hat. Ich hatte gar keinen

Zweifel daran, dass all diese Angaben stimmen. Aber immer noch sah ich einen Hund vor mir, der von Grund auf nicht ruhig war. Gerd war aber ein Typ, der eher ruhig war, eher zu ruhig, von seiner Persönlichkeit her. Er sprach auch langsam, was da noch eher dafür spricht, eine gewisse Grundruhe zu haben. Menschen, die schnell reden, denken in der Regel nicht nur schnell, sondern sie neigen auch eher dazu, hektisch oder aufgeregt zu handeln. All dies aber war bei Gerd nicht der Fall. Was war aber dann der Grund? Was war der Grund, warum Max so übernervös, so aufgedreht war? Ich sprach nochmals mit ihm den Tagesablauf durch. Es war nichts zu finden. Und was tat ich? Ich sprach nochmals mit ihm den Tagesablauf durch. Es war dort nichts zu finden, was auf das Verhalten von Max hin deutete. Ich fragte noch mal genau nach seinem Tagesablauf. Und dann hörte ich in einem Satz, das Entscheidende, was mich auf die richtige Fährte am Ende brachte. Ich kann es immer noch vor mir sehen, wie Gerd zu mir sagte: „Ja, und um 1 Uhr oder manchmal auch kurz nach 1 Uhr stehe ich dann wieder auf." Wir reden hier von der Nacht. Ich fragte nach. „Du gehst gegen 22 Uhr ins Bett und stehst um 1 Uhr wieder auf? Und was machst du dann?" „Ja," sagte Gerd mir, „ich kann dann nicht mehr schlafen. Ich gehe dann in die Küche oder ins Wohnzimmer, räume dort ein bisschen auf oder lese oder mache sonst was." „Du schläfst also jede Nacht nur drei Stunden?" „Ja", bestätigte mir Gerd. „Du hast also Ein-

schlafprobleme?" „Nein, einschlafen kann ich gut, aber dann bin ich wach, das kann man so sagen." Damit war die Ursache gefunden. Ich fragte Gerd noch mal um sicherzugehen explizit nach Max. Max war dann ab 1 Uhr wieder dabei. Mit anderen Worten, Gerd war aus Sicht von Max von morgens 1 Uhr bis abends 22 Uhr quasi auf den Beinen. Nur mittags, da gönnte er sich dann in der Mittagspause eine halbe bis dreiviertel Stunde, in der er sich hinlegte. Kein Wunder, dass Max so aufgedreht war. Er bekam einfach gar keine Ruhe. Und er hatte sich dadurch gar nicht darauf einstellen können, auch mal entsprechende Ruhezeiten einzulegen. Max war es quasi gewohnt, durch diesen Tagesablauf, immer voller Energie und immer in Hab-Acht-Stellung zu sein. Er kam so gar nicht mehr runter. Das war die Ursache für sein nervöses aufgedrehtes Verhalten, das er tendenziell permanent an den Tag legte, und auch für seine mangelnde Konzentrationsfähigkeit.

Aber was kann man da tun? Ich führte mit Gerd ein paar Entspannungshypnosen durch und verriet ihm einen Trick, wie er besser einschläft. Seitdem schläft Gerd von abends 22 Uhr bis morgens 6 oder auch manchmal 7 Uhr durch. Seine Schlafprobleme hatten sich damit aufgelöst. Und was passierte mit Max? Auch er begann, entsprechende Ruhephasen einzulegen. Und mit dieser Verlängerung seiner eigenen Ruhephasen, erhöhte sich ebenso seine Fähigkeit der Konzentration. Nach einiger Zeit war es auch für ihn kein Problem mehr, sich 15 Minuten und länger am Stück zu konzentrieren. So, wie es auch ein normaler, durchschnittlicher Hund kann. Und so verbesserte sich die Lebensqualität von Gerd, seiner Frau und Max deutlich.

„Woran du glaubst, das ist dein Gott!"

Martin Luther soll dies einst gesagt haben. Ich habe es aber nie zuvor so sehr in seiner Richtigkeit bestätigt bekommen, wie von Hundehaltern.

Selbst nach Jahrzehnten der Arbeit mit Hundehaltern, bringt es mich heute noch zum Staunen, zu welchen Überzeugungen sie gelangen. Und dies ist der einzige Bereich, in dem mich Hundehalter nach wie vor überraschen können.

Manchmal bitte ich die Hundehalter, wenn sie zu mir kommen und Hilfe suchen, ihren Hund im Auto zu lassen. Fast immer sind es Mehrhundehalter, die ich darum bitte, da ich eine bestimmte Hundekonstellation ohne Einflussnahme anderer Hunde sehen möchte, oder weil ich bemerke, dass der eine Hund sich kaum mehr wünscht, als endlich mal ein bisschen Ruhe vor dem anderen zu haben oder einfach nur, weil der Hund denkt, er sei der Mittelpunkt des Universums und alles dreht sich nur um ihn, und entsprechend ist sein Auftreten. Manchmal bekomme ich dann Gründe genannt, warum das nicht geht, dass die Hunde nicht alleine im Auto warten können. In einem Winter zum Beispiel, es waren knapp vier Grad über Null, wurde mir erklärt, dass man Hunde nicht alleine im Auto lassen könne. Denen wird dort immer zu warm. Ich merkte an, dass es ja nun nicht gerade warm sei und dass dies doch eher für den Sommer Gültigkeit hat. „Das glaube ich nicht!" wurde mein Einwand hinweggefegt, da man das doch überall lesen könne, dass Hunde aus den Autos gerettet werden müssten, weil sie darin überhitzten.

Ein anderer Grund, warum ein Hund nicht eben ein paar Minuten im Auto warten konnte, war, dass er das Auto nicht mit etwas Negativem verknüpfen solle, schließlich würde sie ihn dort ja alleine lassen und ein Hund sei ein soziales Rudeltier und ihn zu ignorieren sei die höchste Strafe für einen Hund. Und wenn sie ihn dort alleine ließe, dann würde sie ihn ja ignorieren. Ich sagte dazu nur folgenden Satz: „Dein Hund wird das Auto nicht negativ verknüpfen, wenn du ihn mal kurz dort alleine lässt." „Das glaube ich nicht!" bekam ich zur Antwort.
Und des Menschen Glaube ist sein Himmelreich (Matthäus 15).

Ein anderes Mal stellte mir eine Frau ihren Boxer vor. Sie sagte mir, dass das eine ganz liebe Hündin sei. Sie sei sehr zufrieden mit ihr. Nur ihr permanentes hin und her Rennen in der Wohnung, das wäre unangenehm. Deswegen sei sie bei mir. Wir sprachen noch ein wenig bei einer Tasse Kaffee über ihre Hündin. Ich sagte ihr dann, dass ich meinen Schäferhund Spooky dazuholen wolle, der bereits die ganze Zeit in der Hundehütte auf dem Hof warten würde. Völlig entgeistert schaute mich die Frau an. Dann holte sie tief Luft, lief leicht rot an und dann sprudelte es aus ihr heraus. Ich sei inkompetent, fuhr sie mich an. Nun hätte ich mich selbst entlarvt. Keinerlei Ahnung von Hunden hätte ich. Jeder wüsste doch, Boxer sind nicht verträglich mit anderen Rassen! Lieber Leser, ich kann versichern, dass Hunde keine Rassisten sind, aber der Glaube, der Glaube ist des Menschen König.

Am meisten erlebe ich solche Glaubenssätze im Zusammenhang mit Angst. Manchmal habe ich den Eindruck, dass es dem Menschen wichtig ist, das sein Hund ein Angsthund ist. Dann wird alles, aber auch wirklich alles, so interpretiert, dass es am Ende wieder passt, und der Hund das hat, was der Mensch sich wünscht: Angst! Beispiel gefällig? Gerne! So rief mich mal eine Frau an, die mir berichtete, dass ihr Jack Russel Angst vor Pferden hätte. Ich fragte sie, woran sie das erkennen würde. Und sie erzählte mir: „Immer wenn der ein Pferd sieht, rennt er auf die Weide, und versucht das Pferd in die Hacken zu beißen." „Sind Sie sich denn sicher, dass es sich dabei um Angst handelt?" so fragte ich zurück. „Natürlich, um was sollte es sich denn sonst handeln? Sie sollten das doch wissen, wo Sie doch so viel mit Hunden arbeiten."

Ein anderes Mal begegnete mir ein solches Exemplar von einem Angsthund bei mir auf dem Hundeplatz. Er leckte mir meine Hand ab. Meinen Handrücken. Ich habe ihn dann ein wenig am Kopf gestreichelt und sein Ohr gekrault. „Da kannst du sehen, wie viel Angst der hat!" Verwundert schaute ich mein Gegenüber an. „Wie kommst du darauf?" fragte ich. „Das siehst du doch an dem Lecken. Hunde, die Angst haben, die lecken alles ab!" „Der hat Kontakt zu mir aufgenommen." „Nein, der hat Angst gezeigt. Leckende Hunde haben Angst!"

Ein anderes Mal war es der Hund, der im Auto bellte, was man als Angst deutete. Ich sagte seinen Menschen, dass deren Hund keine Angst hätte. Die Gegenfrage lautete dann, was er denn dann hätte? Ich entgegnete ihm: „keinen Bock darin zu sitzen und zu warten. Aber Angst hat er keine."

In den allermeisten Fällen wird bei den Menschen die Angst des Hundes einzig und allein an der Haltung der Rute festgemacht. Und für viele dieser Menschen ist es bereits ein Anzeichen von Angst bei Hunden, wenn sie ihre Rute nicht kerzengerade nach oben halten. Dass dies natürlich so nicht passt, bedarf wohl keiner weiteren Erwähnung, denn es gibt so viele Rutenhaltungen bei Hunden und es gibt so viele weitere Kombinationen von Anzeichen von Angst. Viel interessanter in diesem Zusammenhang ist die Ursache. Warum kommen die Menschen auf die Idee, dass ihr Hund Angst hätte? Und warum halten sie auch gerne daran fest? Und Ursachen dafür gibt es so viele, wie Sterne am Himmel. Doch meistens ist es nicht die Ursache, von der die Menschen denken, dass sie es sei. Oder etwas ketzerischer gefragt: Was passt nicht in der Beziehung zwischen dir und deinem Hund, dass dein Hund in deiner Gegenwart Angst hat?

GLAUBENSSÄTZE UND VERANTWORTUNG

Eine der Grundlagen unserer Philosophie lautet: Jede Veränderung an dir führt immer zu einer Veränderung an deinem Hund. Immer. Oftmals sind es bereits kleine Veränderungen an dir, die zu großen Veränderungen an deinem Hund führen können.

Eine der Grundlagen dazu ist der Unterschied zwischen intellektuellem und emotionalem Verstehen von Veränderungsvorgängen. Zwischen Intellekt und Gefühlen. Was heißt das? Wenn du mal ein paar Hundebücher gelesen hast, dann weißt du meistens, was du tun sollst, nicht wahr? Wir müssen also den Unterschied zwischen Intellekt und Emotion verstehen lernen. Das können wir folgendermaßen: Der Intellekt sagt uns, was zu tun wäre, die Emotionen zeigen dies durch Wirkung und Ergebnisse. Wie darfst du das verstehen? Stell dir vor: du bemerkst entsetzt, dass dir Bewegung gut tun würde. Du kommst immer langsamer die Treppe hinauf und der Schwung vom Sofa aufzustehen war auch schon mal besser. Du triffst die Entscheidung, mehr für deinen Körper zu tun. Dich mehr zu bewegen, deine Fitness zu erhöhen, gesünder zu leben. Übrigens für viele Menschen ein Grund, sich einen Hund anzuschaffen, aus Sicht des Hundes jedoch einer der schlechtesten Gründe. Du entschließt dich, dass du morgen damit anfängst. Ein paar Übungen zum Aufwärmen, ein paar Übungen zum Dehnen und vier Kilometer joggen. Du kennst all die Übungen und die Vorgehensweise noch aus dem Sportunterricht oder aus einem Sportverein. Morgen Abend fängst du damit an. Nach der Arbeit. Dann beginnt ein neues Leben für dich. Ein Leben, fit und frisch. Und dann ist es soweit, der nächste Tag. Du kommst von der Arbeit nach Hause, findest in deinem Briefkasten die neue DVD, die du dir gewünscht hast und setzt dich erst mal in deinen bequemen Sessel. Du möchtest etwas runterkommen. Etwas verschnaufen von dem Tag. Vor deinem geistigen Auge siehst du die DVD. Sie scheint dich quasi anzuschreien: sieh mich an! Das ist doch das, was du wolltest. Los, sieh mich an! Dein Intellekt sagt: nein, du fette Sau, du wolltest fit werden. Wer gewinnt? Intellekt oder Emotion? Jetzt hast du den Unterschied zwischen beiden verstanden. Und deinen inneren Schweinehund hast du dabei ebenfalls kennengelernt. Oder anders ausgedrückt: es gibt viele Leute, die viele Dinge kennen, aber auch können?

Mit dem Hund ist es genauso. Du willst dich mit ihm in der Öffentlichkeit zeigen, ihn kontrollieren können, für ein schönes, gemeinsames und freies Leben. Dann brauchst du Disziplin und Konsequenz. Disziplin bedeutet Durchhalten und Konsequenz bedeutet durchsetzen. Stelle dir folgendes vor: Es klingelt an der Tür, es kommt jemand zu dir nach Hause. Dein Hund rennt bellend zur Tür. Du kannst kaum die Tür aufmachen, weil dein Hund vor deinen Füßen herumspringt und wenn der Besuch in der Wohnung ist, tanzt dein Hund unentwegt um ihn herum. Du hast nun zwei Möglichkeiten: Du beginnst deinem Hund die Hausordnung zu erklären oder du lässt es, wie es ist. Nun nehmen wir mal an, du hast Ehrgeiz entwickelt und liest nun ein Buch zu dem Thema oder fragst einen Hundetrainer. Der erklärt dir, was zu tun ist, dass dein Hund in solchen Situationen nicht nach vorne stürmt und lauthals anschlägt, sondern ruhig abwartet. Du weißt nun, was zu tun ist, du kennst es. Aber kannst du es? Und während du auf deinem Sofa sitzt, dein Hund bei dir liegt, du ihn streichelst, sein schönes weiches Fell, darüber nachdenkst, was zu tun ist, klingelt es an der Tür. Der Paketdienst kommt. Du hast schon auf ihn gewartet, du weißt was er bringt. Dein Hund hat auch darauf gewartet und rennt kläffend, bellend zur Tür. Dein Intellekt sagt: Ich weiß, was nun zu tun ist, ich habe es gelesen und ein Hundetrainer hat es mir erklärt. Mich durchsetzen und durchhalten, dass mein Hund ruhig ist, deine Emotion sagt dir: Der Paketdienstfahrer wartet an der Tür, dass ich aufmache, der hat es eilig, der muss weiter, was soll der denn denken? Nachher fährt der wieder weg und nimmt das Paket mit. Und der klopft schon an die Tür, dass ich endlich aufmache. Das ist ja auch unhöflich, den anderen so lange an der Tür warten zu lassen, bis ich meinen Hund beruhigt habe. Wer gewinnt bei dir? Intellekt oder Emotion? Und jetzt hast du auch den Unterschied im Zusammenhang mit deinem Hund verstanden. Du kennst es, aber kannst du es auch? Dazu ist die Situation mit deinem Hund noch wesentlich komplexer, als mit einer DVD. Und Komplexität schafft immer eine Anfälligkeit für Fehler und Probleme.

Du schaffst eine Trainingssituation, wie man es dir empfohlen hat: Du lädst jemanden ein, bei dir an der Tür zu klingeln. Dein Hund, ja nicht dumm, lernt innerhalb kürzester Zeit, dass, wenn du dich darauf vorbereitest, gleich klingelt es, er ruhig abzuwarten hat. Dazu bedarf es in der Trainingssituation nicht viel, höchstens fünf Wiederholungen, sonst sind wir wieder beim Thema Disziplin und Konsequenz. Er lernt, dass es sich hier um eine Trainingssituation handelt. Er lernt, wie er sich in dieser Situation zu verhalten hat, aber was ist, wenn es plötzlich und nicht simuliert klingelt? Also keine Trainingssituation? Dein Hund an deiner Überraschung bemerkt, dass es sich nicht um eine Trainingssituation handelt? Er zur Tür rennt und bellt. Wer gewinnt dann in dir? Dann, wenn es drauf ankommt. Intellekt oder Emotion? Wer gewinnt?

Und ein ganz interessanter Fakt ist, dass ganz viele Menschen, die sich mit Hunden beschäftigen, so viel Input haben, dass sie unbewusst frustriert sind, über all das, was sie umsetzen, aber dennoch keine großen Fortschritte zu erkennen sind.

Wenn du dich kennenlernen willst, ist es relativ einfach. Du musst dir deine Ergebnisse in deinem Leben angucken, dann weißt du, wer du bist. Nicht, was du sagst, sondern das, was du lieferst. Das ist das, was du bist. Deine Ergebnisse. Dein Hund macht nichts anderes mit dir. Er schaut auf das, was du lieferst, er schaut auf deine Ergebnisse. Manch einer schaut jetzt verdutzt. Was? Ich soll meine Ergebnisse sein? Das ist eine harte Schule! Warum sage ich das? Als ich 2001 mein altes Leben aufgab und von einem auf den anderen Tag in den hohen Norden zog, da fand ich mich in einer völlig anderen Welt wieder, in einem anderen Leben, als ich es bis dahin kannte. Um zu bestehen, muss man liefern, muss man Ergebnisse haben. Alte Auszeichnungen, Meriten, Erfolge, Titel zählten hier nicht. Alles wieder auf null. Im Cuxland kannte mich kein Mensch. Nur Sprüche klopfen führt in die Sozialhilfe. Ich musste Ergebnisse liefern. Das Ergebnis war innerhalb von 10 Jahren die größte Hundeschule im Cuxland, ein Marktanteil von über 50% mit mehreren Trainern und Mitarbeitern. In einer Gegend, in der ich niemanden kannte, keine Kontakte hatte, keine Beziehungen, kannten nach 10 Jahren die allermeisten Hundehalter im Cuxland unsere Hundeschule.

Du kannst deine Wirkung, wenn du möchtest, selber testen. Gehe mit deinem Hund in einen Wald oder in eine belebte Fußgängerzone. Lasse ihn frei. Mach seine Leine ab, sein Halsband ab, sein Geschirr ab und was er sonst womöglich noch so trägt. Lass ihn frei. Erlebe das Ergebnis. Wenn dein Hund dich mag, wird er bei dir bleiben. Wenn du es wert bist, wird er in deiner Nähe bleiben, sich an dich orientieren. Wenn nicht, zeigt er dir, wie doof er dich findet. Das Ergebnis zeigt es dir.

Und damit kommen wir schnell zu der Frage: Wenn etwas nicht klappt, was ist dann? Übernehme ich dann Verantwortung oder will ich jemand anderen dafür verantwortlich machen? Übernehme ich die Verantwortung für mein Leben, oder ducke ich mich lieber weg? Übernehme ich Verantwortung für das Leben meines Hundes, oder verstecke ich mich lieber in der Masse? Übernehme ich Verantwortung dafür, dass mein Hund mich doof findet, nicht bei mir bleibt? Oder findest du Ausreden und dubiose Rechtfertigungen vor dir selbst? Du weißt es nicht? Irgendwann kommst du zu mir, übernimmst Verantwortung und du bemerkst, du bekommst wieder mehr Kraft. Mehr Kraft für dein Leben, mehr Kraft für dein Umfeld. Mehr Kraft für dein Tun. Diese Zusammenhänge kennst du nun. Schaue mehr auf deine Wirkung und Ergebnisse und nicht auf deine Worte und du selbst lernst dich besser kennen. Dein Hund lernt dich besser kennen.

Bei Hundehaltern bemerkt man dies schnell an Aussagen wie z.B.: Das ist diese oder jene Rasse, da kann man nichts machen. Die sind so. Was ist dann die Wirkung? Dass die Hunde sind, wie sie sind, hat weniger mit der Rasse zu tun, als vielmehr mit der Haltung, dem Umgang mit den Hunden. Und wenn ich der Überzeugung bin, den Glauben habe, dass ein Labrador alles vom Boden frisst, was er findet, dann ist es natürlich umso schwerer, mich selbst und damit auch den Hund von etwas anderem zu überzeugen. Ich nehme mich damit selber aus der Verantwortung. Aus der Verantwortung für meinen Hund. Dabei wäre es viel einfacher, wenn der Hundehalter sich solche Glaubenssätze erst gar nicht aneignen würde. Wie z.B. der Beagle, den man nicht von der Leine lassen kann, vor allem im Wald, weil er dann sofort seine Nase am Boden hat. Und sobald er eine Fährte in der Nase hat, im Unterholz auf Nimmerwiedersehen verschwindet. Den kann man nicht zurückrufen, weil das ein Beagle ist. Das ist natürlich Quatsch! Ein Beagle kann genauso zu seinem Menschen auf Zuruf zurückgehen, wie jeder andere Hund auch. Dazu bedarf es keiner speziellen Bindungen in seinem Gehirn oder bestimmter Dinge innerhalb seiner Anatomie. Und Beagle ziehen an der Leine. Das ist bei der Rasse

so, sagt man mir immer wieder. Umso überraschter sind vor allem die Halter von Beaglen, wenn sie zu uns gekommen sind, und ihr Hund nach kurzer Zeit nicht mehr an der Leine zieht. Oder der Labrador, der grundsätzlich gerne ins Wasser geht. Das ist so bei denen. Der Husky, der gerne zieht. Der ist nur zu dem Zweck geboren, zu ziehen. Und der muss jeden Tag mindestens 20 km laufen. Aber selbst dann ist er noch nicht kaputt. Der Terrier, der kläfft, aufgeregt ist, ein regelrechter Wirbelwind, und eigenständig handelt. Der Golden Retriever, der Kinder liebt. Ein richtiger Familienhund. Dabei kommen unter den aggressivsten Fällen bei uns der letzten 10 Jahre zwei Golden Retriever vor. Oder die französische Bulldogge, die zu dumm sei, Agility zu machen. Oder der Australian Shepherd, der Allrounder unter den Familienhunden. Mittlerweile eine auch nicht mehr so gesunde Rasse, und auch von dieser Rasse sind zwei Vertreter in den zehn heftigsten Fällen der letzten 10 Jahre. Oder der Shelty, so leichtführig, der erzieht sich praktisch von selbst. Oder der Spitz, der hinterhältig ist. Ich weiß nicht, wie oft man mir das erzählt hat, wenn man mich mit Wolke irgendwo sah. Gut, dass meine Wolke das nicht weiß. Der Hovawart, der hoftreu ist. Warum nur kommen dann immer wieder Menschen zu mir, deren Hovawart das Grundstück verlässt und jagen geht? Oder als letztes Beispiel seien die Kampfhunde genannt. Wie viele wunderbare, liebe und verschmuste Hunde gibt es innerhalb dieser Rassen. Doch letztlich ist es bei ihnen wieder am Ende eine Frage der Haltung, was aus ihnen wird. Interessanterweise sehr ähnlich der Sozialisation von Menschen.

Ja natürlich, es gibt zu all diesen Glaubenssätzen und Vorstellungen auch entsprechende Beispiele, bei denen genau das zutrifft. Es gibt aber ebenso viele Fälle, wo genau eben das nicht zutrifft.

Meistens kommen diese Glaubenssätze nicht von selbst, sondern sie wurden von anderen herangetragen. So erging es auch mir, mit meinem eigenen Glaubenssatz, den ich als kleiner Junge mal über mich selbst herangetragen bekommen hatte. Es ist zwar schon über 40 Jahre her, doch ich kann mich noch gut daran erinnern, damals, als ich mit meinen beiden Brüdern, die 9 bzw. 12 Jahre älter als ich waren, an unserem Esszimmertisch saß. Wir wollten ein Gesellschaftsspiel spielen. Es war noch jemand dabei, der dieses Spiel noch nicht kannte. Ich wollte es ihm erklären, die Regeln erklären, wie man dieses Gesellschaftsspiel spielt. Doch meine Brüder sagten mir beide, ich soll das lassen. Ich könnte nicht erklären. Sie würden das schon machen. Und dieses „ich könne nicht erklären" war damit bei mir verinnerlicht. Ich hatte keinen Grund die Aussage meiner Brüder anzuzweifeln. Die Aussage zu hinterfragen. Kannte ich meine beiden großen Brüder doch als Menschen, die mich schützten. Als Menschen, die mein Wohl im Sinne hatten. Und so trug ich die Überzeugung als Glaubenssatz in mir, ich könnte nicht erklären. Es sollte noch 15 Jahre dauern, bis ich dies abschütteln konnte. Bis ich bemerkte, dass ich genauso gut und genau so schlecht erklären kann, wie andere Menschen. Und so werden Glaubenssätze eben einfach weiter geglaubt, gedacht und erzählt. Manchmal persönlich, manchmal auch über das Internet. Manchmal kommen sie aus dem Marketingbüros der Rasseverbände, die ihrer Rasse z.B. ein entsprechendes Image geben wollen, einen Hauch von Exklusivität, mit dem sich der Halter schmücken kann. Um sie besser zu vermarkten, oder den Züchtern entschuldigende Verkaufsargumente an die Hand zu geben, damit sie ihren Kunden besser erklären können, warum ihr Hund so ist wie er ist. An den Menschen und der damit einhergehenden Haltung des Hundes darf es schließlich ja nicht liegen. Das wäre ja noch schöner, wenn etwas nicht klappt und es an den Menschen liegt. Womit wir wieder beim Thema Verantwortung wären. Manchmal werden diese Glaubenssätze sogar weitergegeben von Generation zu Generation, wie z.B. auch mir mein Vater weitergab, dass man rohes Fleisch nicht an Hunde verfüttern dürfe, denn, wenn die einmal Blut geleckt haben... dann jagen und beißen die. Die geraten in eine Raserei. Ebenso, wie z.B. das Märchen, dass man einen Husky nicht von der Leine lassen könne, weil der immer jagen würde. Der hat so einen starken Jagdtrieb, da würde man nicht gegen ankommen. Ich weiß nicht wie oft ich dies gehört habe über Huskys. Und wenn ich dann versuche, den Menschen zu erklären, dass dies nicht stimmt, sind sie immer sehr überrascht. Sie waren tatsächlich der Überzeugung, dass das so ist. Und umso überraschter sind sie, wenn sie hören, dass es gar keinen Jagdtrieb gibt. Dass sie also an etwas geglaubt haben, dass es gar nicht gibt. Und wenn sie dann noch an ihrem eigenen Husky live erleben, dass dem nicht so ist, dann beginnt meist der Punkt, an dem Verantwortung übernommen wird. Und wenn der eine oder andere Leser jetzt womöglich an Religion denkt, ja, Glaubenssätze haben viel mit Religion zu tun. Und Religion mit Glaubenssätzen. Dabei sind diese Glaubenssätze in den meisten Fällen nichts anderes als die Kapitulation vor dem Verhalten eines Hundes. Die Verweigerung der Übernahme von Verantwortung. Der Mensch versteckt sich in so einem Fall hinter einem solchen Glaubenssatz vor der Verantwortung, er duckt sich weg. Und solche Glaubenssätze sagen ja schließlich viele, denkt sich der Hundehalter, also brauche ich auch mein eigenes Gehirn nicht anstrengen, um das zu widerlegen, dass diese Rasseeigenschaften Quatsch sind, und er duckt sich in der Masse weg. Und wenn es dann wieder einen Beagle gibt, den der Hundehalter sieht, der von der Leine gelassen werden kann, obwohl man über ihn sagt, dass er sofort im Unterholz auf Nimmerwiedersehen verschwindet, weil er ja eben ein Jagdhund sei, dann wird darüber einfach hinweggesehen. Das wird ausgeblendet, da der eigene Glaubenssatz stärker ist. Das woran ich glaube, das ist mein Gott.

MAN WILL JA ALLES RICHTIG MACHEN

Es gibt Menschen, die wollen mit ihrem zukünftigen Hund alles richtig machen. Nicht, weil sie Perfektionisten sind. Sie wollen sich einfach nur gut darauf vorbereiten. Meistens ist es der erste Hund. Manchmal hatten die Eltern, als man selbst noch ein Kind war, einen Hund, aber da herrschen dann nur noch nebulöse Erinnerungen vor. Und damals haben sich hauptsächlich die Eltern um den Hund gekümmert. Diese Menschen bereiten sich intensiv auf ihren ersten Hund vor. Das Gute an der Sache ist, dass sie damit schon mal eine klare Vorstellung haben, von dem, was sie sich wünschen. Judith war so eine Person. Sie kam aus Sachsen-Anhalt, und sie hatte den Wunsch nach einem Hund. Es würde ihr erster Hund werden. Und sie wollte alles richtig machen. Nichts dem Zufall überlassen. Sie wusste schon genau, wie das Zusammenleben mit ihrem Hund aussehen sollte. Sie

wollte ihn überall mit hinnehmen. Sie selber bezeichnete sich als aktiv und unternehmungslustig, und so sollte es ein Hund werden, der alle ihre Aktivitäten mit ihr teilen konnte. Inklusive verschiedener Wochenendausflüge in verschiedene Regionen der Republik zum Wandern, Erkunden und Erholen.

Sie las jede Menge Bücher, die ihr empfohlen wurden. Sie recherchierte im Internet. Sie las sich in Hundeforen schlau. In verschiedenen Facebook-Gruppen zum Thema Hund meldete sie sich an, und las dort regelmäßig mit. Bei einigen Hundeblogs fand sie Listen mit Kriterien, nach denen man eine gute Hundeschule finden könne. Sie schaute sich verschiedene Hundeschulen in ihrer Umgebung an, und verglich das mit den Kriterien auf ihrer Liste. Und so war dann alsbald eine passende Hundeschule gefunden. Sie machte sich schlau über die verschiedenen Hunderassen. Sie las verschiedene Bücher zu verschiedenen Rassen. Sie sprach mit Züchtern verschiedener Rassen. Und dann war auch bald die optimale Rasse gefunden. Ein Sheltie sollte es sein. Diese Rasse sei sensibel, man bräuchte sie nur böse anzuschauen und sie würden den Tadel sofort akzeptieren, und man könnte auch problemlos als Anfänger sofort zwei oder drei Shelties gleichzeitig halten. So ist es tatsächlich zu lesen auf verschiedenen Internetseiten von Sheltiezüchtern. Diese Rasse würde schnell lernen, sei leichtführig und wolle dem Menschen grundsätzlich gefallen. Diese Rasse sollte es sein, so entschied Judith. Der ideale Anfängerhund. So suchte sie dann in einem Wurf bei einem Sheltiezüchter einen kleinen Rüden aus. Taco sollte er heißen. Und mit acht Wochen und wenigen Tagen zog Taco bei Judith ein. 21 Bücher hatte Judith nur über Welpen gelesen. Da konnte nichts mehr schiefgehen. Und so ging sie dann in die zuvor bereits ausgewählte Hundeschule. An der dortigen Welpengruppe nahmen Judith und Taco teil. In dieser Welpengruppe gab es noch andere Welpen mit einem Alter von bis zu 16 Wochen. Er behauptete sich auch soweit, der kleine Dreikäsehoch. Und manchmal war es so, dass alle anderen Welpen ihm über den Platz hinterher rannten. So lange, bis er sich letztlich unter eine Kiste oder ähnliches flüchten und verstecken konnte. Dann standen die anderen jungen Hunde noch eine Weile um ihn herum, kläfften und warteten, ob er aus dem Versteck herauskommen würde, bis es ihnen zu langweilig geworden war und sie sich mit anderen Dingen beschäftigten. Judith fragte den dortigen Trainer, ob das nicht ein Problem sei. Nein, meinte der Trainer, Taco würde jetzt Sozialverhalten lernen. Etwas irritiert, denn ihr Bauchgefühl sagte ihr etwas anderes, fragte sie nochmal nach. Sie spezifizierte ihre Frage: „Was lernt er denn dort?" „Er lernt dort", so war die die Antwort, „dass auch er mal nachgeben muss." Was tut man nicht alles. Man glaubt in solchen Situationen den Fachleuten. Man geht schließlich in eine Hundeschule und gibt dem entsprechenden Trainer einen großen Vertrauensvorschuss, denn er wurde von Tierärzten geprüft. Was soll man auch sonst tun?

Wenn man dem dortigen Trainer nicht vertraut, dann ist man sowieso in dieser Hundeschule fehl am Platze. Und so ging sie weiterhin zweimal die Woche zu dieser Hundeschule in die dortige Welpengruppe. Und Taco wurde weiterhin von den anderen älteren und größeren Welpen und Junghunden quer über den Platz gejagt. Manchmal einige Minuten. Er versuchte, sich zu verstecken. Manchmal auch bei Judith, und die sollte Taco dann wegschicken. Was für eine Rückmeldung an Taco. Denn es besteht ein grundsätzlicher Unterschied, ob der junge Welpe bei seinem Menschen Schutz sucht, oder ob er, weil er z.B. andere, größere anwesende Hunde geärgert und provoziert hat, seinen Menschen den anderen Hunden quasi als Kanonenfutter vorschiebt. So nach dem Motto: nimm den hier statt mich. Mir ist bewusst, dass dieser Unterschied schwer zu erkennen ist. Zumindest für einen Laien. Ein Hundetrainer sollte diesen Unterschied aber jederzeit erkennen können. Nicht jeder Welpe, der zu seinem Menschen in der Welpengruppe läuft, sucht dort Schutz, genauso wenig, wie nicht jeder Welpe, der zu seinem Menschen läuft, diesen den anderen quasi zum Fraß vorwirft. Dazu bedarf es der Fähigkeit, eine Situation überblicken zu können. In dieser Hundeschule lernte Taco dann auch die ersten Kommandos. Sowas wie Sitz und Bleib und den Rückruf. Und natürlich auch die Leinenführigkeit. Kein Problem, Taco lernte das relativ schnell. Aber immer wieder gab es in der Welpengruppe dieses Szenario, dass auf einmal mehrere, manchmal sogar alle anwesenden Welpen, sich in irgendeiner Form absprachen, um hinter Taco her zu jagen, ihn quer über den Platz zu jagen. Das Ganze natürlich, wie bei Welpen üblich, mit viel Gebelle, Brimborium und Getöse. Ich weiß, dass sowas auch spektakulär aussieht. Und ich weiß, dass einem gerade als Ersthundebesitzer mit seinem Welpen in solchen Situationen schnell das Herz in die Hose fällt. All das wusste auch Judith, hatte sie es doch gelesen. Hatte sie doch in verschiedenen Facebook-Gruppen zum Thema Welpen genau diese Szenarien immer wieder gelesen. Aber wohl war ihr dennoch nicht dabei. Und um es gleich zu sagen, mir wäre auch nicht wohl dabei, wenn ich so ein solches Verhalten von Welpen in unseren Hundeschulen sehen würde, ohne dass der Trainer einschreitet. Ja, natürlich muss der Welpe auch lernen, dass es andere Hunde gibt, die größer sind, stärker sind und entsprechenden Respekt einfordern. Aber mein Welpe muss auch lernen, dass er, wenn ich dabei bin, nicht das Opfer einer gemeinsamen Jagd wird, dass er nicht zur Beute wird. Vertrauen nennt man das, dieses Befriedigen eines Sicherheitsbedürfnisses. Und der Grat zwischen diesen beiden Verhaltensweisen ist ein sehr schmaler. Das wäre ja alles nicht so schlimm, wenn der Welpe dabei nicht die falschen Rückschlüsse über seinen Menschen ziehen könnte. Und in diesem Fall hat Taco die falschen Rückschlüsse gezogen. Eigentlich muss man sagen, er hat die richtigen gezogen, aber nicht die, die er hätte im Sinne von Judith ziehen sollen. Aus seiner Sicht hat Taco in diesem Fall gelernt, dass Judith nicht in der Lage war, eine Situation mit mehreren anderen Hunden richtig einzuschätzen. Er hatte gelernt, dass Judith einfach nur dabei stand, während er von den anderen geärgert und gemobbt wurde. Und zwar massiv. Und er hatte gelernt, dass Judith unfähig war, für Sicherheit zu sorgen. Damit hatte Judith gelernt, dass diese Kriterienkataloge für das Finden der richtigen Hundeschule womöglich gut gemeint sind, aber an der Realität schlicht und ergreifend vorbeigehen. Judith verließ später mit Taco diese Hundeschule und besuchte eine andere. Taco war mittlerweile fast 5 Monate alt und hätte auch nicht mehr in der Welpengruppe mitmachen dürfen. So kam sie in die nächste Hundeschule. Auch dort nahm sie mit Taco am Gruppenunterricht teil. Es ging darum, den Grundgehorsam zu trainieren und zu festigen unter Alltagsbedingungen. Das sind gute Zielsetzungen. Diese wurden in der Hundeschule auch entsprechend umgesetzt. Dort hieß es schlicht und ergreifend, dass, wenn ihr Hund sich ruhig verhalten würde, in den simulierten Alltagssituationen, dass sie ihn entsprechend loben solle. Würde er sich z.B. ängstlich verhalten oder versuchen, der Situation auszuweichen, dann solle sie der Situation ausweichen oder ihn ignorieren. In der Praxis bedeutete das dann, dass alle Hunde nebeneinander aufgereiht saßen. Und dann ging jemand mit einem Rollator, an dem noch ein Blecheimer hing, mit einigen Steinen drin, vorbei. Der Blecheimer sorgte dafür, dass alles richtig schön schepperte. Und der Rollator sorgte dafür, dass die Hunde sahen, dass es auch Menschen gibt, die nicht so einfach aufrecht gehen können. Nun lag es an den Hundehaltern. Wenn der Hund sich ruhig verhalten hatte, dann wurde er gleich entsprechend gelobt. Mit Futter, einem Spiel und so weiter. Wenn der Hund versucht hatte, sich der Situation zu entziehen, dann waren die Hundehalter kommentarlos weg gegangen, damit der Hund sich nicht mit der Situation auseinander zu setzen brauchte. Was bekommt der junge Hund in diesem Fall für eine Rückmeldung? Diese Frage ist sehr einfach zu beantworten: Wenn ich keine Lust habe, dann brauche ich mich mit Situationen in meinem Alltag nicht auseinander zu setzen, ich brauche mich also in der Öffentlichkeit nicht diszipliniert zu verhalten. Und mein Mensch ist außerdem nicht in der Lage, Situationen richtig einzuschätzen. Denn, wenn ich meinem Menschen zeige, dass ich als Hund diese Situation blöd finde, dann folgt er mir ja schließlich und geht mit mir fort. Mein Mensch kann also diese Situation nicht richtig einschätzen. Das bedeutet für mich als Hund für die Zukunft Folgendes: Ich muss die Situation einschätzen, weil mein Mensch es nicht kann. Und dann wundern sich die Hundehalter, wenn sie nach solchen Aktionen etwas später einem anderen Hund oder Jogger oder Radfahrer begegnen, und ihr Hund dann anfängt sich entsprechend an der Leine zu gebärden, wie sie es eigentlich gar nicht möchten. Der Hund denkt ganz einfach: „Aus der Erfahrung von vorhin in der Hundeschule weiß ich, dass mein Mensch die Situation nicht einschätzen kann, also mache ich das jetzt." Damit nimmt dann das Unheil für Mensch und Hund manches mal seinen Lauf. Die gemeinsame Lebensfreude, das Vertrauen, und der Respekt gehen nach und nach den Bach runter. Und das durfte auch Judith mit ihrem Hund Taco erleben. Sie war einmal pro Woche in dieser Hundeschule, und Taco wurde von Woche zu Woche in seinem Verhalten immer aufgedrehter. Er wurde von Woche zu Woche immer mehr zu einem „Leinen-Rambo". Ohne Leine ließ er sich auch nicht mehr abrufen. In den Pausen durften die Hunde in der Hundeschule frei über den Platz laufen. Dort rannte Taco mit den anderen mit. Und er bekam wieder eine Rückmeldung: Rennen, Spielen und Toben mit anderen Hunden macht Spaß. So werden alle anderen Hunde, denen er begegnet, eine Art Versprechen auf Bewegung, Rennen, Toben und Spaß .Jetzt wirst du, lieber Leser, womöglich denken, dass er aber doch auch mal Sozialkontakte und das intensive Spiel mit anderen Hunden braucht. Ja, das braucht er. Er benötigt aber auch die Erfahrung, dass ebenso sein Mensch für diese Dinge sorgen kann. Z.B. durch entsprechende sportliche Betätigungen wie Fahrradfahren, Inlineskaterfahren oder Joggen. Taco fing an, Autos zu jagen, nicht nur hinterher, sondern manchmal sogar den Autos entgegen. Und dann begann er auch Fahrradfahrer zu jagen. Eines Tages attackierte er einen Kinderwagen, mit einem Säugling darin. Und dann fing er noch an, andere Menschen, die ihnen entgegen kamen, zu attackieren. Für Judith wurde die Situation immer frustrierender. Aus war es mit der Vorfreude, der Freude auf die vielen wunderbaren Stunden mit ihrem Hund auf Wanderungen und Ausflügen quer durch die Republik. Aus der anfänglichen Euphorie wurde Frust und damit einhergehend Resignation. Aber Judith gab nicht auf. Sie wandte sich an eine private mobile Hundeschule. Dort bekamen sie Einzelstunden. Nein, das ist falsch ausgedrückt, der Hund bekam die Einzelstunden. Die Trainerin arbeitete mit Taco. Zuerst ging es um die Leinenführung. Die brachte sie ihm bei, indem sie Taco blockierte, wenn er versuchte sie zu überholen. Dabei konnte er sie doch bereits, die Leinenführung. Er hatte es in der vorigen Hundeschule bereits gelernt. Er tat es nur einfach nicht, wenn man es von ihm gewünscht hatte. Ohne irgendeine Form der Ablenkung gelang das soweit erst mal gut. Aber wehe, wenn auch nur irgendwo ein Blatt raschelte, ein Vogel flog oder ähnliches, dann war die Trainerin mit dem Blockieren an ihre Grenzen gelangt. Deswegen sortierte sich die Trainerin neu und fing etwas Neues an. Sie konzentrierte sich erst mal darauf, dass Taco nicht mehr alles vom Boden nehmen sollte. Sie warf etwas aus ihrem Futterbeutel auf dem Boden und versuchte mit zischenden Geräuschen und dem scharf und böse ausgesprochenen Wort „Nein", Taco dazu zu bewegen, das Futter nicht mehr vom Boden zu nehmen. Taco interessierte das nicht. Und Taco wusste auch nicht, dass ein Sheltie sensibel ist, dass ein böser Blick reicht, um seine Missbilligung auszudrücken. Taco wusste auch nicht, dass ein Sheltie leicht zu führen sei. All das hatte ihm offensichtlich niemand erzählt. Weder irgendein Mensch noch irgendein Hund oder seine Mutter oder sonst wer. Aber Taco wusste eines ganz genau, in der Hand der Trainerin, in dem Beutel, befindet sich noch viel mehr Futter. So sprang er, nachdem er alles vom Boden gefressen hatte, mit einem Satz aus dem Sitz heraus die Trainerin an, direkt auf den Beutel zu, biss in den Beutel, mit einer heftigen, schüttelnden Kopfbewegung riss er der Trainerin den Beutel aus der Hand, noch bevor er wieder mit allen Vieren auf dem Boden stand. Und dann rannte er weg. Er rannte, was das Zeug hielt. Auf und davon und ward lange nicht mehr gesehen. Denn es war sehr lecker, was sich dort in dem Beutel befand. Taco kam erst wieder zurück, als der Beutel leer war. Und Judith und die Trainerin freuten sich, dass Taco auf ihr Rufen zurück gekommen war, wenn auch erst nach fast einer Stunde. Und Taco freute sich, dass Judith und die Trainerin sich so freuten. Er fand das bestimmt witzig, denn er konnte nun etwas tun, den Beutel der Trainerin klauen, den Inhalt fressen, und die Menschen freuten sich sogar darüber. Ein tolles Spiel. Die Trainerin machte das, was Hundetrainer in solchen meistens Momenten so machen. Das Ganze noch mal. Und was machte Taco? Ich denke, jeder von euch Lesern kann es sich denken. Auch Taco machte das Ganze noch mal. Taco sprang wieder aus dem Sitz heraus direkt auf den Beutel der Trainerin zu, riss ihn ihr aus den Händen, obwohl sie diesmal mit beiden Händen versuchte, ihn festzuhalten, und bevor er wieder auf dem Boden aufgekommen war, hatte er ihn schon in seinem Maul, und rannte weg. Er rannte wieder so weit weg, dass man ihn nicht mehr sehen konnte. Unterwegs aß er den Inhalt des Beutels und rannte wieder zurück zur Trainerin und Judith. Die beiden freuten sich. „Ach, ist das Hundeleben herrlich", muss Taco gedacht haben. Für Judith war das nicht herrlich. Das Zusammenleben mit Taco wurde mehr und mehr zu einer regelrechten Tortur. Sie fing an, nur noch zu Zeiten zu gehen, zu denen kein anderer unterwegs war. Zu ihrem Glück lebte sie in einem kleinen Dorf mit weniger als 2000 Einwohnern. Da ist das relativ einfach zu managen. Taco irgendwo mit hinzunehmen, zu den alltäglichen Dingen des Lebens, ein Ding der Unmöglichkeit. Sie konnte ihn an der Leine kaum halten. Jeder andere Hund wurde versucht zu attackieren. Der kleine Sheltie, er war zu diesem Zeitpunkt 2 Jahre und wog ungefähr 15 kg, schaffte es tatsächlich, das Gleichgewicht von Judith hin und wieder zu brechen. Das lag sicherlich daran, dass Judith eher von zierlicher Statur war. Judith war verzweifelt. Sie hatte sich so intensiv auf das Zusammenleben mit Taco vorbereitet und jetzt das. Sie konnte auch nachts nicht mehr gehen. Taco musste nur in einigen hundert Metern Entfernung das Scheinwerferlicht eines Autos sehen, und er zog und zerrte an der Leine, dass Judith die Leine mit beiden Händen festhalten musste. Ohne Leine rannte Taco los, bis er die Scheinwerfer eingeholt hatte. Judith war soweit, dass sie mit Taco nicht mehr rausgehen wollte. Doch wurde ihr nun auch klar, dass das auch keine Lösung sei. Und das war der Punkt, an dem ich Judith kennenlernte. Sie hatte das Buch „Der Pfoten Pfad" von mir gelesen und berichtete mir, dass sie bei manchen Kapiteln das Gefühl gehabt hätte, als wenn ich dabei gewesen wäre, als wenn ich neben ihr gestanden hätte, bei all den Dingen, die sie so erlebt hatte.

Ich lernte Judith als eine Frau kennen, die sehr selbstbewusst war. Bis auf einen Punkt. Und das war ihr Hund. Sobald es sich um Taco drehte, wurde sie unsicher. Wenn ich mit Judith redete, hatte sie einen klaren Blick. Sie schaute mich an. Dies änderte sich schnell, wenn sie selbst von ihrem Hund sprach. Meistens schaute sie dabei nach unten und ihr Kopf senkte sich. Auch ihre Stimme wurde dann immer ein bisschen hektischer und ihr zuvor selbstbewusster Stand, das Gewicht auf das rechte Bein verlagert und durchgedrückt, das linke leicht angewinkelt, die Arme verschränkt vor sich oder meistens in der Hüfte abgestützt, veränderte sich. Und damit wusste ich, dass das Arbeiten mit Judith und Taco zumindest für mich relativ einfach werden würde. Sie war selbstbewusst, konnte klar und aufrecht gehen und reden. Sie hatte ein klares Bild davon, wo sie hin wollte. Eine der wichtigsten Grundvoraussetzungen für einen respektvollen und vertrauensvollen Umgang mit einem Hund. Ich musste ihr das Selbstbewusstsein nur im Zusammenhang mit Taco wiedergeben. Und das war nicht wirklich schwer. In der ersten Stunde hatten wir miteinander fast nur geredet. Sie hatte mir ihre Zielsetzung genannt: Mit Taco gemeinsam ohne Leine und ohne Ängste Wanderurlaube zu erleben und zu genießen. Ich versprach ihr, dass wir in den nächsten fünf Tagen dieses Ziel mit Taco an der Leine erreichen würden. Ohne Leine jedoch könnte ich diese Mission nicht erfüllen. Wenn sie jedoch nach dieser Woche weiter beherzigen würde, was sie bei uns lernte, dann könnte sie diese Mission ohne mich erfüllen. Wir sprachen noch über den Tagesablauf mit Taco und darüber, wo sich aus Sicht von Taco Unklarheiten entwickelt hatten. In der zweiten Stunde bat ich sie dann, Taco zu sich zu nehmen und ins Sitz zu bringen. Das tat sie. Kein Problem, denn Taco hatte ja schon hinlänglich gelernt, was er bei der Anweisung zu tun hatte, das brauchten wir ihm ja nicht mehr beizubringen. Und dann durfte Taco feststellen, dass sich seine Judith verändert hatte. Verändert insofern, dass sie auch auf einmal ihm gegenüber ein Auftreten hatte, aus dem Taco schließen konnte, dass Judith wusste, was sie wollte. Und in diesem Moment wollte Judith, dass Taco sitzt. Und Judith durfte erfahren, dass jede kleine Veränderung an ihr sofort zu einer Veränderung an Taco führte. Immer, wenn sie das Sitz wieder aufhob, sorgte sie für etwas Entspannung bei Taco durch ein kleines Zerrspiel. Nach dem Spiel schickte sie ihn wieder ins Sitz. Und die Zeit, bis zur Entspannung, dehnte sie immer etwas weiter aus. Dann bat ich Judith, Taco an die Leine zu nehmen. Wir arbeiteten kurz an der Haltung der Leine und an der Länge der Leine. Und dann schickte ich sie mit Taco quer über den Hundeplatz. Rauf und runter, hin und her. Dann ging es vom Hundeplatz zu uns auf den Hof und zurück zum Hundeplatz. Und dann ging es vom Hundeplatz auf den Hof und dann die Auffahrt entlang zur Straße. Zu dieser Zeit arbeitete auch unsere Kirsten mit einer Hundehalterin auf der Auffahrt. Kirsten hatte ebenfalls ihren Hund dabei. Und so begegnete Judith mit Taco zwei Hunden. Man sah Judith an, dass sie im ersten Moment unsicher war. Und das war auch der Moment, in dem Taco nach vorne schoss in Richtung der anderen beiden Hunde. Diese ließen sich aber nicht davon beirren. Und der Hund von Kirsten schon mal gar nicht, denn der kannte das schon aus hunderten solcher Situationen. Aber Judith erinnerte sich sofort daran, was ich ihr zuvor gesagt hatte, was sie tun sollte. „Nach vorne gucken, gehen!" hieß es in ihrem Kopf. Und Judith schaute nach vorne und ging. Das hielt Taco zwar noch nicht davon ab, nochmals zu versuchen nach vorne zu stürzen, aber längst nicht mehr in der Intensität wie zuvor. Am Ende der Auffahrt angekommen, drehte Judith um. Sie ging wieder zurück Richtung Hof. Es kamen ihr wieder die Hunde von Kirsten und ihrer Kundin entgegen und die beiden Hunde von Lisa. Denn Lisa hatte ich mittlerweile dazu gebeten, mit ihren Hunden quasi als Komparsin die Auffahrt hoch und runter zu gehen. Und meine Brenda hatte ich ebenfalls dazu geholt. Nun kamen Judith mit Taco insgesamt fünf Hunde in kurzem Abstand entgegen. Man konnte nicht sagen, dass Taco sich ruhig verhalten hätte. Das stimmte wirklich nicht. Er ging auch noch nach vorne, zog an der Leine. Aber man hatte nicht das Gefühl, dass Judith die Kontrolle über die Situation verlor, auch wenn Taco sich noch so verhielt. Und das war eine wichtige Rückmeldung von Taco an uns, eine Art Mitteilung von ihm an uns, dass wir auf dem richtigen Weg sind. Und ein wichtiger Zwischenschritt zum Ziel. Auf dem Hof angekommen, blieb Judith mit Taco stehen. Sie strahlte mich an. „Das war das erste Mal seit Monaten, dass uns so viele Hunde entgegenkommen sind, ohne dass ich mich hinterher bei irgendjemandem entschuldigen musste, weil Taco jemand anderen attackiert oder gebissen hat." freute sich Judith. Ich schickte sie nochmals los. Die Auffahrt entlang, den anderen Hunden entgegen. Sie signalisierte Taco über ihren körperlichen Ausdruck, dass sie alles im Griff hatte. Und Taco ging die ganze Zeit ruhig neben ihr. Er schaute zwar zu den anderen Hunden, mehr aber auch nicht. Und das Ganze innerhalb von weniger als 2 Stunden. Judith hatte Verantwortung übernommen. Verantwortung für Taco. Dies alleine führte zu einer Verhaltensveränderung von Taco, vom angriffslustigen Sheltie zu einem Hund, der bereit war, seinem Menschen zu vertrauen.

In den folgenden Stunden konzentrierten wir uns nur darauf, das selbstbewusste, aufrechte Gehen und Handeln von Judith zu vertiefen. Sie sollte ihre neuen Grundgedanken und ihre klare, neue Ausstrahlung gegenüber Taco verinnerlichen und festigen. Dies gelang ihr durch verschiedene Maßnahmen unsererseits ziemlich zügig, so dass sie am Freitag, dem Ende des Wochenseminars, voller Vorfreude auf die Zukunft ihre Heimreise antreten konnte.

Ich bekam später ein Bild von ihr zugeschickt. Judith mit Taco ohne Leine wandernd unterwegs. Auf dem Bild stand: Mission erfüllt!

FALSCH ABGEBOGEN

Ich beobachte es sehr oft, wenn die Menschen zu mir kommen, dass immer wieder der selbe Grund auftritt, warum das Zusammenleben mit dem Hund heute für alle Beteiligten nicht mehr so ist, wie es mal war, und wie es sein könnte. Schon nach wenigen Minuten im Gespräch bemerkt man, dass der Hundehalter auf dem richtigen Weg war mit seinen Hunden. Er hatte sich informiert. Er hatte sich Gedanken gemacht. Und wenn der Hund ganz viel Glück hatte, dann hatte er sogar ein konkretes Bild davon, wie das Zusammenleben aussehen sollte. Und dann gab es einen Auslöser. Und dieser Auslöser sorgte dafür, dass der Hundehalter seinen eigentlich bisher richtigen eingeschlagenen Weg auf einmal verlassen hatte. An dem er aufhörte, einfach weiter seinem Bauchgefühl zu vertrauen, einfach weiter zu handeln, statt über alles nachzudenken. Er war von seinem an und für sich für sich richtigen Weg abgekommen. Die gemeinsame Freude und das bis dahin aufgebaute gemeinsame Vertrauen versiegten mehr und mehr. Und das hatte er nicht mal bemerkt. Unsicherheit war fortan der ständige Begleiter, manchmal in der Steigerung auch Hilflosigkeit. Der Auslöser dazu kann vielfältig sein. Irgendjemand, der den Hundehalter im Zusammenhang mit seinen Hunden verunsichert hatte. Etwas von jemandem Ausgesprochenes, etwas Gesagtes. Oder etwas Gelesenes im Internet. Oder irgendeine Hundeschule hatte ihm irgendwas Komisches über seine Hunde erzählt. Hatte ihm vielleicht Angst gemacht, damit verunsichert. Was auch immer es war, meistens ließ es sich nicht mehr exakt nachvollziehen. Es führte jedoch dazu, dass alle Beteiligten nicht mehr rundum glücklich waren und nun vor mir standen. Beispielhaft sei hier Steffi, eine junge Mutter mit zwei großen Hunden, erwähnt. Sie kam zu mir zu einem kostenlosen Vorgespräch, ein Gespräch, bei dem man sich gegenseitig kennenlernt und bereits eine Anamnese durchgeführt wird, unabhängig davon, ob man letztlich zusammenarbeitet oder nicht. Sie fuhr mit ihrem dunklen Kombi bei uns auf den Hof, parkte ein, und ich holte sie an ihrem Auto ab. Es war ein früher Vormittag im Herbst, noch leicht nebelig, aber die Sonne bahnte sich bereits ihren Weg durch den Nebel. Ich begrüßte Steffi. Dass Steffi aufgeregt war, dürfte nicht verwundern. Das war schnell zu erkennen. Es ist völlig natürlich, in so einer Situation aufgeregt zu sein. Man freut sich, man ist gespannt, was einen erwartet. Dazu kommt die bislang unbekannte Umgebung und natürlich die Neugier, was ich wohl gleich zu den Hunden und ihren Sorgen sagen werde. Ich konnte sehen, wie schnell ihr Herz schlug, denn man konnte ihren Puls an ihrer Halsschlagader zählen. Ich bat sie, ihre beiden Hunde, beide groß, kurzhaarig, einer schwarz, einer braun, aus dem Auto zu nehmen und mit mir auf unseren hinteren Platz zu gehen. Steffi ging zu der Heckklappe ihres großen, schwarzen Kombi. Sie drückte den Griff der Heckklappe und zog sie nur einen Spalt weit auf. Nur wenige Zentimeter. Dabei sagte sie ihren Hunden immer wieder, dass sie im Auto bleiben sollten. Sie wiederholte immer wieder in einem fragenden Ton: „Bleib? Bleib? Bleib?" Sie öffnete die Heckklappe immer nur ein kleines Stück weiter und weiter. Zentimeter für Zentimeter. Es war an ihrer Körperhaltung offensichtlich, dass sie jederzeit damit rechnete, dass ihre Hunde jeden Moment rausspringen würden. Und an ihrem fragenden Ton war ersichtlich, dass sie selbst nicht daran glaubte, dass ihre Hunde in dem Fahrzeug blieben, wenn die Heckklappe sich erst mal geöffnet hatte. Mit anderen Worten, dass ihre Hunde ihre Anweisung im Auto zu bleiben, missachten werden. Und das taten sie am Ende auch. Als der Spalt der Heckklappe groß genug war, dass sie hindurch passten, sprangen beide Hunde sofort heraus. Steffis Gesicht war anzusehen, was sie dachte: Wusste ich es doch, dass die beiden herausspringen. Selbsterfüllende Prophezeiung nennt man sowas. Steffi war es schon gewöhnt. Das konnte man daran sehen, dass sie sehr gut darin war, während die Hunde mit einer Art Hechtsprung heraussprangen, nach den Leinen zu greifen. Und bei zwei Hunden, die gleichzeitig aus dem Auto springen, mit jeweils einer Hand eine Leine zu greifen, das ist schon bemerkenswert. Das macht man nicht mal eben so, dass machte Steffi nicht zum ersten Mal, das ist Gewohnheit, verbunden mit Übung. Mit anderen Worten: Das ist also schon sehr oft passiert. Kaum, dass Steffi die beiden Leinen mit den Hunden daran ergriffen hatte, zog sofort der Braune nach links und der Schwarze nach rechts, Und Steffi stand mit ausgestreckten Armen dazwischen. Diese Szene hatte schon etwas von einer Vierteilung. Sie verlor die Kontrolle und die ganze Situation begann in ein Durcheinander auszuarten. Sie ging mit den beiden Hunden an der Leine hinter mir her, mal nach links und mal nach rechts von den Hunden entsprechend gezerrt, manchmal über die beiden stolpernd. Es hatte etwas von Slalomlaufen, und ich konnte mir lebhaft vorstellen, dass ihr die Schultern gleich schmerzten. Es war zu sehen, dass auch das für sie schon Gewohnheit war und sie sich in dieser Situation einfach nur fügte, sich damit abgefunden hatte. Es hatte für sie schon etwas von Normalität. Als wir dann hinten auf unserem Platz ankamen, machte sie die Leinen von den beiden los und sie durften frei laufen. „Du hast gerade ja schon gesehen, weswegen ich hier bin. Das war nicht immer so mit den beiden Hunden. Das hat sich nach und nach so entwickelt. Vor einem dreiviertel Jahr hat das Zusammenleben mit den beiden noch großen Spaß gemacht." Das waren die ersten Worte von Steffi auf dem Platz zu mir. Während ich von Steffi weitere Informationen erhielt, über das gemeinsame Zusammenleben und auch über die gemeinsamen Probleme, interessierten sich die Hunde überhaupt nicht für Steffi. Die beiden machten absolut und vollkommen ihr eigenes Ding. Steffi fragte mich, wer von den beiden denn wohl der Rudelchef sei. „Du jedenfalls nicht", antwortete ich ihr. „Aus Sicht deiner Hunde gehörst du irgendwie nicht dazu. Die sehen dich bestenfalls als Gast." Ihr Blick wich nach unten links aus. Sie hatte es wohl schon geahnt. Wer denn bei meinen Hunden nach mir der Chef sei, wollte sie wissen. „Ist mir egal!" erklärte ich ihr. „Jeder meiner Hunde folgt mir, vertraut mir, dass ich die richtigen Entscheidungen für ihr Leben treffe und sie wissen, dass sie so ein angenehmes Leben führen. Das ist, was zählt." Im Gespräch erfuhr ich, dass die beiden Hunde Mutter und Tochter sind. „Es wäre so schön, wenn die beiden wieder auf mich achten würden. Es war mal so wunderbar. Im Moment sind die gemeinsamen Ausflüge eine reine Tortur. Ich würde so gerne wieder mit den beiden bei uns über die Felder laufen." Damit war die Zielsetzung geklärt.

Es war wunderbar zu sehen, wie die beiden Hunde sich untereinander verstanden. Ich hatte selten so eindeutig sehen können, wie sich zwei Hunde fast schon blind verstanden. Und was ich in diesem Zusammenhang sehr selten bei Hunden erlebe, dass sie ihre Körpersprache spiegelten. Dies erlebe ich eher bei Menschen, und setze es in bestimmten Situationen selber manchmal gerne ein, das Spiegeln der Körpersprache, aber bei Hunden in der exakten Form erlebe ich es sehr selten. Wenn der eine Hund stehenblieb, blieb parallel dazu der andere Hund ebenfalls stehen, und schaute der eine Hund auch nur kurz nach rechts, schaute der andere auch nur kurz nach rechts und nahm dann der erste Hund wieder seine Nase herunter auf den Rasen, um dort kurz zu schnüffeln, so tat dies der andere Hund ihm gleich. Sie liefen stellenweise synchron über unseren Hundeplatz, beide auf das gleiche Ziel fixiert. Und stockte einer, so stockte ebenso der andere sofort, um gleich wieder an Fahrt aufzunehmen, wenn es der andere tat. Manchmal sprangen sie sogar im Toben synchron. Da unser hinterer Hundeplatz an unseren Wohnbereich zum Teil angrenzt, war wundervoll zu beobachten, wie einer der Hunde mit seinen Vorderpfoten auf die Fensterbank ging, um durch das Fenster in unser Wohnzimmer hinein zu schauen. Der andere tat es ihm sofort nach. So ergab sich das Bild, dass zwei große Hunde mit ihren Vorderpfoten auf der Fensterbank abstützend durch unser Fenster in unseren Wohnbereich hinein schauten. Was meine Frau Andrea wohl gedacht hätte, wenn sie in dem Moment im Haus zu dem Fenster geschaut hätte? Ich habe mich im Nachhinein geärgert, dass ich keine Kamera dabei hatte. Es hätte so wunderbare Bilder und Videos gegeben, auch zu Schulungszwecken für unsere Trainer, um zu verdeutlichen, wie sehr zwei Hunde miteinander vertraut sein können. Und wie sehr man es an dem synchronisierten, gespiegelten Verhalten erleben kann. Die beiden waren quasi eins. Die waren so eng miteinander, dass kein Zeitungsblatt dazwischen passte. Zum Leidwesen von Steffi, denn auch sie passte nicht dazwischen. Das war offensichtlich, wie ich oben schon erwähnt habe, dass die beiden sich nicht für Steffi interessierten. Sie brauchten Steffi gar nicht, höchstens als Chauffeur oder um mal eine Futtertüte zu öffnen. Manchmal auch noch als Kratzbaum oder ähnliches. Wozu sie Steffi aber keinesfalls brauchten, das war, um ihnen das Leben zu erklären oder sie sicher durchs Leben zu führen. Für beides brauchten sie Steffi offensichtlich definitiv nicht. Steffi war den beiden vollkommen egal. Dies bestätigte sich auch in den Erzählungen über ihr Zuhause. Wenn sie überhaupt einmal Interesse an Kommunikation mit Steffi zeigten, dann ging es nur darum, gekrault zu werden oder Futter zu bekommen. Verstehe mich bitte nicht falsch, lieber Leser, wenn es bei dir zu Hause sich genauso zuträgt, so ist das für deine Hunde zumindest nicht schlimm. Und wenn du glücklich und zufrieden mit dem Zusammenleben mit deinen Hunden bist, dann brauchst du nichts zu ändern und ich bin der Letzte, der sagt, dass du etwas ändern musst.

Zu dem Haushalt von Steffi gehörte noch ein weiterer alter, kleiner Hund. Wie Steffi selber beschrieb, konnte man immer an dem kleinen, alten Hund sehen, in welchem Zimmer Steffi sich aufhielt, weil gleichfalls dort immer der kleine, alte Hund sich aufhielt. Im Gegensatz dazu die beiden großen. Den beiden war es schon völlig egal, was Steffi tat oder zu tun gedachte. So wenig Interesse hatten sie an ihr. Wie konnte es dazu kommen, dass sie von einer homogenen Einheit zu quasi einer bestenfalls Wohngemeinschaft wurden? Steffi hatte zwei Kinder, beide unter 10 Jahre. Das bedeutete, dass sie vom Grundsatz her genug Erfahrung hatte und wusste, wie Erziehung und wie Beziehung funktioniert. Warum gelang ihr das aber nicht mit ihren Hunden?

Und jetzt kommen wir wieder zum Anfang dieses Kapitels. Irgendwann war Steffi irgendwo von ihrem eigentlich richtigen Weg abgekommen, der nach eigenem Bekunden eine schöne lange Zeit gut funktionierte. Wo genau dies war, das ließ sich nicht mehr genau rekonstruieren. Nach gezieltem Nachfragen und Erinnern vermuteten wir, dass sie an dem Punkt von ihrem eigentlich richtigen Weg abgekommen war, als die Mutter der beiden großen Hunde irgendwann mal anfing, auf einer größeren Spazierrunde einfach los zu rennen und etwas zu jagen. Steffi wusste nicht, wie sie der Hündin hätte beibringen können, nicht zu jagen. Mit anderen Worten, sie war in dem Moment überfordert, unsicher, hilflos. Dies spürte natürlich die Hündin und von nun an testete die Hündin die mentale Stärke von Steffi aus. Und Steffi wurde dadurch immer überforderter und hilfloser. Sie suchte sich Hilfe in einer anderen Hundeschule. Dort wollte man mit dem Hund trainieren, also etwas üben, statt Steffi ihre Überforderung und Hilflosigkeit zu nehmen, ihr den Rücken zu stärken. Durch das Trainieren und Üben gelangte man zu keiner Veränderung des Verhaltens des Hundes, weil die Ursache für das Verhalten ja nach wie vor bestehen blieb. Sie recherchierte im Internet, in verschiedenen Foren für Hunde, und auch was sie dort an Tipps bekommen und gelesen hatte, half ihr alles nicht weiter, so dass sie noch hilfsbedürftiger und überforderter wurde und sich als Resultat dazu noch Frust gesellte. Und aus dieser Kombination, Überforderung, Hilflosigkeit und Frustration entsteht Resignation. An diesem Punkt angelangt, wandte sich Steffi an uns und ich lernte sie kennen.

Wie gelingt es aber nun, eine Frau, die resigniert hat, die kapituliert hat vor ihren Hunden, wieder soweit aufzubauen, dass ihre Hunde beginnen, sich an ihr zu orientieren? Sich von ihr führen zu lassen und durchs Leben leiten zu lassen? Ein stressfreies Leben für alle Beteiligten. In diesem Fall bei den Hunden anzusetzen, wäre der völlig falsche Weg. Das Denken von Steffi musste sich ändern. Und das gelingt in einer solchen Kombination am einfachsten dadurch, dass sie Verantwortung übernimmt. Verantwortung für ihre Hunde. Für das Leben, die Gesundheit und die Sicherheit ihrer Hunde. In diesem speziellen Falle machte es uns die Tatsache einfach, dass Steffi selbstständig war. Das heißt, sie wusste, was es bedeutet, Verantwortung zu übernehmen und zu tragen. Im Zusammenhang mit ihren Hunden wusste sie es offensichtlich nicht, zumindest nicht mehr. Zumindest nicht umzusetzen. Im Zusammenhang mit ihren Kindern erging es ihr ähnlich wie mit ihren Hunden. So war ihre eigene Aussage, die ich mal so übernahm, ohne es überprüfen zu können. Also mussten wir ihr beibringen, dass sie das, was sie von ihrer Selbstständigkeit her selbstverständlich lebte, als Referenz zu nehmen für ihre Hunde und ihr weiteres Umfeld, und damit auch ihre Kinder. Verantwortung zu übernehmen für ihre Hunde und ihre Kinder. Disziplin und Konsequenz. Durchhalten und durchsetzen.

Ich übergab diesen Fall unser Trainerin Femke. So schwierig erschien mir das Ganze nicht, ich war mir sicher, dass Femke das sehr gut mit ihr hinbekommen würde. Dazu kam, dass Femke ebenfalls eine junge Mutter ist. Und die Ansprache und das Hineinversetzen in den anderen ist von junger Mutter zu junger Mutter oftmals einfacher und tiefgreifender, als wenn ich mit einer solchen jungen Mutter arbeite.

Femke lernte sie in der ersten Stunde erst mal nur kennen. Vieles wusste sie bereits von mir aus dem Vorgespräch. Aber nun konnte sie sich noch selbst ein Bild von Steffi und ihren Hunden machen. Dies war wichtig, denn es entscheidet mit über den Weg, der gegangen wird. Das Ziel war klar. Nur eben der Weg noch nicht. Der Weg entstand erst jetzt genau zu diesem Zeitpunkt. In der ersten Stunde entwirrte Femke Steffis Kopf. Sie sprachen über all die Dinge, die Steffi gehört und gelesen hatte. Bei den vorherigen Hundeschulen, im Internet und von anderen Hundehaltern. Und Steffi merkte mehr und mehr, dass sie all diese Dinge gar nicht brauchte, die sie gehört hatte. Sie bemerkte, dass alles schon in ihr drin war, was es zu einer vertrauensvollen Beziehung zu ihren Hunden brauchte. Sie hatte es bereits gezeigt. Die Hauptaufgabe von Steffi war nun erst einmal, all das zu vergessen, was sie über Hunde gehört hatte. In der zweiten Stunde fing Femke damit an, das Vertrauen wieder aufzubauen zwischen Steffi und ihren Hunden. Aufgrund all der Erlebnisse und Erfahrungen in den letzten Wochen und Monaten hatten sie ihr Vertrauen ineinander verloren. Das Vertrauen zu einem Hund aufzubauen, geht vergleichsweise schnell. Es braucht gar nicht so viel, wie sich die meisten Menschen einen solchen Vertrauensaufbau immer vorstellen. Es bedarf gar nicht so viel, wie man es ansonsten im Internet immer wieder lesen kann. Es braucht nur, dass der Hund bemerkt, dass sein Mensch in für ihn völlig neuen Situationen die richtigen Entscheidungen trifft. Mehr bedarf es nicht, denn den Rest erledigen seine kognitiven Fähigkeiten. Einige wenige solcher Situationen, und der Hund fängt sofort an, sich seinen Menschen zuzuwenden und ihnen Vertrauen entgegenzubringen. Der Hund kann das in den allermeisten Fällen viel schneller, als es der Mensch gegenüber dem Hund kann. Für den Menschen bedeutet dies für die Zukunft ein hohes Maß an Disziplin, um das Vertrauen des Hundes nicht wieder zu enttäuschen. In den weiteren darauf folgenden Stunden zeigte Femke Steffi, wie man Verantwortung für seine Hunde übernimmt. Und das gab Steffi die nötige Kraft, die es braucht um die Selbstdisziplin auszuüben. Schon nach der vierten Stunde schrieb Steffi bei Facebook eine entsprechende Rezension, in der sie darlegte, dass sie nun genauso glücklich und entspannt sei, wie ihre Hunde. Und das tatsächlich nur dadurch, dass sie begann, Verantwortung zu übernehmen, ihr Denken zu verändern.

In den folgenden Stunden fokussierte Femke sich darauf, Steffi in den verschiedensten Alltagssituationen Sicherheit zu geben, ihr Denkhilfen zu geben und den neuen Umgang mit ihren Hunden zu festigen. Die neuen Verhaltensweisen zu verinnerlichen. Dazu bediente sich Femke einfachster Mittel, denn es war ja nicht so, dass Steffi nicht schon gewusst hätte, was zu tun ist. Sie kam nur vom Weg ab. Die einfachen Mittel, die Femke anwendete, waren z.B. das erfolgreiche Absolvieren alltäglicher Aufgaben, die Verbesserung des Gefühls und der Ausstrahlung durch leichte Veränderung der Körpersprache und damit einhergehend eine Veränderung des Denkens, der Vorstellung des eigenen Selbst, das Selbstbildnisses. Das alles hört sich viel komplizierter an, als es tatsächlich ist. Wie schon in so manchen anderen Geschichten hier zuvor, war es auch in diesem Fall mit einfachsten Maßnahmen möglich, eine Veränderung zum Vorteil aller Beteiligten zu erreichen. Wie einfach diese Maßnahmen sein können, das kannst du selbst erleben. Stelle dir vor, du hast ein schwieriges Spiel gewonnen. Nun balle deine Hände zu Fäusten! Nicht nur lesen, sondern machen. Los, balle deine Hände zu Fäusten! Strecke deine Arme in die Höhe. Du hast das entscheidende Tor geschossen! Du spürst sofort die Veränderung in dir, in deinen Gedanken, in deinen Emotionen. Und das nur dadurch, dass du deine Körperhaltung verändert hast.

Die Hunde von Steffi begannen nun mehr und mehr in ihren Entscheidungen, Steffi gedanklich mit einzubeziehen. Das heißt, dass, wenn sie eine Entscheidung trafen, sie auch immer darüber nachdachten, was Steffi wohl dazu sagen würde. Oder kurz gesagt: Steffi war nun wieder gedanklich im Kopf ihrer Hunde.

Sie war wieder mittendrin, statt nur dabei. Und die gemeinsamen Ausflüge begannen wieder Spaß zu machen. Die Kinder konnten wieder mit, weil Steffi wieder die Kontrolle hatte. Sie konnte sich um alle kümmern. Die Lebensqualität der ganzen Familie hatte sich so auf relativ einfache Art und Weise erhöht.

Lieber Leser, ich hoffe, ich konnte dir unsere Arbeit rund um den Pfoten-Pfad etwas näherbringen. Wenn es dir gefallen hat und du dieses Buch gerne gelesen hast, dann empfehle das Buch weiter, zum Beispiel bei Facebook oder durch eine Rezension bei Amazon. Sollte es dir nicht gefallen haben, oder du hast noch Fragen, so darfst du mir das gerne mit einer Mail kundtun, damit wir es spätestens in der nächsten Auflage verbessern können.

Solltest du in dem Zusammenhang mit dem Pfoten-Pfad an einer selbstständigen Tätigkeit als Hundetrainer interessiert sein, so kannst du auf unserer Internetseite www.pfoten-pfad.de weitere Informationen dazu bekommen.

Die Beschreibung der Philosophie.
Erhältlich in allen Buchhandlungen.

ISBN: 9 783738 640540

Begegnungen auf dem Pfoten-Pfad
Teil 2 – Männer und ihre Hunde

ISBN: 9 783749 409419